DES

OPÉRATIONS DE NUIT

EN CAMPAGNE

PAR

M. JULES BOURELLY
CAPITAINE D'ÉTAT-MAJOR

PARIS
BUREAUX DE LA REVUE MILITAIRE FRANÇAISE
11, RUE SAINT-DOMINIQUE, 11

1870

DES

OPÉRATIONS DE NUIT

EN CAMPAGNE

PARIS. — TYPOGRAPHIE A. HENNUYER, RUE DU BOULEVARD, 7.

DES

OPÉRATIONS DE NUIT

EN CAMPAGNE

PAR

M. JULES BOURELLY

CAPITAINE D'ÉTAT-MAJOR

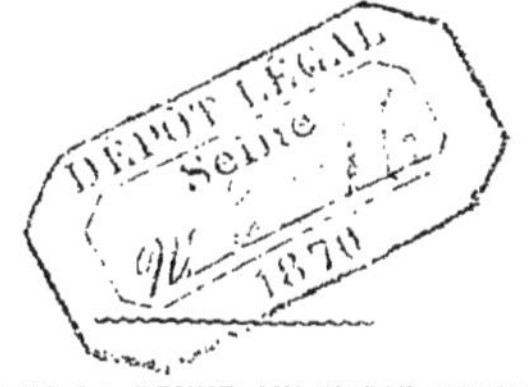

EXTRAIT DE LA REVUE MILITAIRE FRANÇAISE

PARIS

BUREAUX DE LA REVUE MILITAIRE FRANÇAISE

11, RUE SAINT-DOMINIQUE, 11

1870

CONFÉRENCE DU MINISTÈRE DE LA GUERRE.

DES OPÉRATIONS DE NUIT
EN CAMPAGNE

PAR M. JULES BOURELLY, CAPITAINE D'ÉTAT-MAJOR
AU DÉPOT DE LA GUERRE.

MESSIEURS,

Sous ce titre général d'OPÉRATIONS DE NUIT EN CAMPAGNE, je comprends *le service de sûreté de nuit aux avant-postes, les marches, les passages de rivière et les combats de nuit par surprise.*

Les conditions dans lesquelles se faisaient autrefois la guerre favorisaient essentiellement certaines opérations nocturnes, notamment les surprises ; aussi serait-il facile de s'étendre sur les exemples plus ou moins anecdotiques d'entreprises de ce genre, dont abonde non-seulement l'histoire militaire des Grecs et des Romains, mais encore celle du moyen âge et même des temps plus rapprochés de nous, y compris le dix-huitième siècle.

Cependant je ne songe pas, je me hâte de le dire, à remonter si haut. Je m'en tiendrai aux exemples que nous offrent les guerres modernes. En fait d'opérations tactiques, on peut trouver dans l'histoire militaire de notre siècle des leçons plus directes, plus décisives que celles qu'on tirerait d'un passé trop reculé.

Les données qui se rapportent aux opérations de nuit sont éparpillées en assez grand nombre dans l'histoire militaire. Il m'a semblé que ces données isolées méritaient d'être étudiées, mises en relief et groupées. Ce n'est nullement la vaine satisfaction de tout réduire en système qui m'a conduit à faire une pareille étude, mais la conviction que j'ai de pouvoir arriver à quelques utiles conclusions pratiques.

Il importe avant tout qu'une armée se garde ; je commencerai donc par l'examen du service de sûreté de nuit aux avant-postes ; je parlerai ensuite des marches de nuit. En troisième lieu, je passerai à l'étude des opérations tactiques qui peuvent s'exécuter de nuit, en insistant plus particulièrement sur les modes d'attaque et de défense qu'il convient d'employer dans les actions nocturnes. Je terminerai par quelques mots sur l'application des méthodes d'éclairage artificiel à la guerre de campagne.

Service de sûreté de nuit.

L'ordonnance royale du 3 mai 1832 sur le service en campagne prescrit un réseau de postes avancés autour des camps, des cantonnements et des bivouacs.

Ce réseau doit couvrir le front et déborder les flancs de la position occupée par l'armée. Les troupes placées aux avant-postes ont pour mission d'observer les mouvements de l'ennemi, d'avertir de son approche, de retarder ou d'arrêter ses progrès, lorsqu'il s'avance sur le camp ou le bivouac.

Chez nous, ce réseau se compose de grand'gardes avec postes de soutien facultatifs, de petits postes et de sentinelles et vedettes, de telle sorte que si l'ennemi voulait pénétrer dans un camp français, il rencontrerait d'abord des sentinelles perdues, puis une ligne régulière de sentinelles et de vedettes isolées ou doubles, ensuite une chaîne de petits postes, puis les grand'gardes, quelquefois des postes de soutien en arrière des grand'gardes, et enfin le poste avancé de la garde de police. Cette espèce de ceinture de sûreté varie de profondeur sur le terrain, suivant la force du corps qui se couvre et suivant un grand nombre de circonstances sur lesquelles je n'insiste pas. Chaque brigade garde son terrain.

Des rondes et des patrouilles tirées des grand'gardes, celles-ci fouillant le terrain, celles-là surveillant le service des avant-postes, complètent le service de sûreté.

Malgré l'importance du service de nuit, dont les dispositions diffèrent sous bien des rapports de celles de jour, le principe de la distinction entre le service de jour et celui de nuit n'a pas été, il faut le reconnaître, l'idée dominante qui a présidé à la rédaction du titre VIII de l'ordonnance de 1832. Les prescriptions qui se rapportent au service de nuit sont assez éparses dans les divers articles où elles sont traitées comme complémentaires de celles de jour. Il en résulte que les mesures à prendre de nuit sont un peu sacrifiées. Je n'entends point parler ici de ces détails souvent mesquins sur lesquels on s'étend dans certains traités, mais bien des mesures principales, celles qui sont indépendantes de la diversité des circonstances, les seules en définitive dignes de figurer dans un règlement.

En fait de système de sûreté de nuit, il ressort de l'ordonnance déjà citée que, de nuit, les sentinelles, les petits postes et les grand'gardes doivent être rapprochés du camp, du bivouac ou du cantonnement. Frédéric II, qui a tracé des préceptes minutieux sur le service de nuit aux avant-postes, prescrit la même chose, excepté dans le cas, du reste assez fréquent, où une rivière, un large fossé sépare deux armées, et où il est nécessaire d'en garder les passages en occupant les mêmes emplacements de nuit que de jour.

Les règlements prussiens de nos jours ne font que répéter, sous ce rapport comme sous beaucoup d'autres, ce qu'a dit Frédéric, leur oracle. Généralement les écrivains militaires se prononcent dans le même sens. Le maréchal Bugeaud est un des seuls qui se soient élevés contre ce système.

L'obligation, pensait-il, où l'on se croit d'avoir une chaîne continue aux avant-postes amène nécessairement, si on ne veut pas condamner les hommes à un service fatigant, à se garder dans un rayon extrêmement court, trop court ; il s'ensuit que le corps principal n'est pas suffisamment à l'abri des surprises. En outre, dans un corps détaché formant l'avant-garde d'une armée, des avant-postes trop rapprochés favorisent les mouvements tournants de l'ennemi, mouvements dirigés sur les derrières de l'avant-garde, entre celle-ci et l'armée : l'avant-garde court ainsi les risques d'être enveloppée et maltraitée ou enlevée ; l'armée elle-même peut être à son tour obligée d'accepter un combat sur un terrain et à une heure qui ne lui conviendront pas.

A plus forte raison, de nuit, si on approche le réseau des avant-postes, les surprises, les coups de main sont-ils plus à redouter pour le gros de la troupe. En augmentant les garanties de sécurité des avant-postes, on diminue donc d'autant celles du corps qu'ils sont appelés à protéger : on néglige la chose principale pour l'accessoire.

Telles sont, en résumé, les observations que le maréchal Bugeaud faisait en 1832 (il était alors colonel) sur le service des avant-postes adopté chez nous (1). Il jugeait que le meilleur moyen de se préserver de nuit contre les surprises que favorise la nuit même est d'avoir un service de postes avancés très-éloignés, plus éloignés que de jour, par conséquent ne formant pas chaîne. Dans le cas particulier d'un corps détaché à une grande distance du corps principal, on évite ainsi les surprises, et, de plus, on peut s'assurer que l'ennemi n'occupe pas les lignes de retraite.

Comment le colonel Bugeaud entendait-il qu'on doit se garder de nuit? Au moyen de petits postes d'avertissement tirés des postes de jour, composés d'infanterie, ou de cavalerie légère et d'infanterie, selon les cas, poussés, sans être reliés entre eux, dans toutes les directions et le plus loin possible, tout en obéissant aux formes du terrain, embusqués dans les ravins, près des routes, des chemins, des sentiers et des carrefours, envoyant des sentinelles et vedettes encore plus en avant, et ne communiquant avec les gardes plus rapprochées du camp ou du bivouac qu'au moyen d'ordonnances, de préférence des ordonnances de cavalerie, quand le terrain s'y prête.

On objectera peut-être que ces postes très-éloignés peu-

(1) Bugeaud, *Aperçus sur quelques détails de la guerre.*

vent être facilement enlevés. Il est cependant assez malaisé de mettre la main sur des postes composés d'un petit nombre d'hommes bien pénétrés de leurs devoirs, qui ne se placent qu'à la tombée de la nuit, ou même la nuit faite, gardent le silence, se passent de feu, n'ont pour mission que de prévenir, d'avertir, soit par des coups de feu, soit par d'autres signaux, ne doivent jamais combattre, ne doivent pas non plus être secourus, et peuvent enfin, grâce à la connaissance qu'ils ont dû acquérir le jour de leurs chemins de retraite, gagner, en se dérobant rapidement à la poursuite de l'ennemi, un point de ralliement convenu.

Quand le colonel Bugeaud proposait cette méthode, il n'avait pas encore en vue l'armée d'Afrique, et se préoccupait uniquement des avant-postes des armées européennes. Il ne fit que bien plus tard, contre les Arabes, principalement pour prévenir leurs surprises de nuit, l'application de ces principes à lui révélés par la pratique de la guerre d'avant-postes en Espagne et dans les Alpes, principes qu'il reconnaissait franchement être opposés aux usages reçus comme aux règles écrites jusqu'alors dans un grand nombre de livres.

Les rédacteurs de l'ordonnance sur le service en campagne ne semblent avoir été dans les mêmes idées qu'à l'égard des avant-postes des corps détachés ; s'inspirèrent-ils en cela du colonel Bugeaud ? Il est permis de le croire. En effet, d'une part, le projet d'ordonnance rédigé par le général Préval et qui parut en 1827 ne dit rien des corps détachés ni de leurs petits postes; d'autre part, le colonel Bugeaud avait longtemps avant que l'ordonnance vît le jour communiqué ses vues sur cette matière aux officiers qui l'entouraient, et en particulier au duc d'Orléans. Quoi qu'il en soit, l'article 85 de l'ordonnance de 1832 dit : « Dans les corps détachés, des « petits postes composés d'hommes intelligents sont en outre, « à la nuit, poussés au loin sur les chemins par lesquels l'en« nemi peut arriver pour attaquer la position, pour la tourner « ou pour couper la retraite. Ils sont placés de préférence « sur l'embranchement de ces chemins ; ils restent sans feu, « se tiennent cachés et changent fréquemment de position ; « ils ne sont point liés entre eux.

« Ces postes annoncent l'approche de l'ennemi au moyen « de signaux dont ils sont pourvus, ou, à défaut, au moyen « d'indices dont il a été convenu. Ils se retirent sur des « points qui leur ont été indiqués et par des chemins qu'ils « ont reconnus à l'avance. Au jour, ils rentrent à la grand'« garde (1). »

Mais s'il résulte de cet article que le service des avant-postes des corps détachés comporte, outre les cordons ordinaires, de petits postes de nuit sans liaison et poussés au loin, il n'en résulte pas moins de tous les autres articles du titre VIII qu'en général les emplacements de nuit aux avant-postes sont à prendre en deçà de ceux du jour. C'est à ce

(1) L'auteur de la brochure qui a pour titre : *Observations sur le service de la cavalerie en campagne*, fait, quoique timidement, un pas de plus que l'ordonnance de 1832 vers le système du maréchal Bugeaud. Il prescrit l'emploi dans les terrains couverts de postes de cavalerie très-avancés au delà de la ligne des vedettes. Après avoir observé que « les grand'« gardes *peuvent* être rapprochées pendant la nuit des troupes qu'elles cou« vrent, » il ajoute que « cependant elles doivent être tenues assez loin « pour qu'en cas d'attaque ces troupes aient le temps de prendre des dis« positions défensives. »

principe que j'oppose, sans vouloir insister sur les détails d'exécution, le suivant, que je crois utile d'appliquer dans tous les cas : *La nuit, la vue faisant défaut, il est prudent d'avoir des postes plus avancés que de jour du côté de l'ennemi* (1).

Une revue militaire prussienne (2) a fait judicieusement remarquer que la guerre américaine avait donné raison aux principes du service de sûreté émis par le maréchal Bugeaud. Quand commença cette grande lutte, si féconde en leçons à méditer, officiers et soldats improvisés apportèrent dans ce service, et particulièrement dans celui de nuit, une fatale inexpérience dont les dangers s'accrurent encore de l'inattention et de l'insouciance habituelles aux Américains. Les alertes, surtout celles de nuit, étaient fréquentes : on surprenait les grand'gardes, on enlevait les corps détachés.

(1) D'après Rüstow (*l'Art militaire au dix-neuvième siècle*, traduction du colonel Savin de Larclause), la distance à garder entre le corps principal et les petits postes d'observation dépend : 1° du temps nécessaire aux troupes de ce corps pour prendre les armes et se mettre en état de défense ; 2° de l'étendue du terrain que les petits postes embrassent par la vue en avant d'eux ; 3° de la vitesse avec laquelle l'ennemi peut arriver sur le camp ou le bivouac.

Or les soldats mettent plus de temps de nuit que de jour à s'apprêter pour la résistance ; en outre, par les nuits les plus éclairées les petits postes ne découvriront jamais le terrain du côté de l'ennemi à une distance aussi grande qu'en plein jour : deux raisons péremptoires pour éloigner de nuit les postes d'observation. Si l'on objecte qu'au milieu de l'obscurité l'attaque n'avance que doucement et que le temps qu'elle perd alors la défense le gagne, je répondrai en premier lieu que le défenseur lui-même n'exécutera pas ses mouvements pendant la nuit tout à fait avec la même rapidité que de jour ; en second lieu, qu'on peut toujours craindre que l'agresseur, ne tentant son coup de main que grâce à la connaissance qu'il a du terrain, ne mette assez de vivacité et de hardiesse dans sa première attaque pour faire perdre aux défenseurs les avantages d'une vitesse supérieure.

(2) *Militær-Wochenblatt*, nos 71 et 72, des 2 et 5 septembre 1868. L'article a pour titre : *Ueber den Sicherheitsdienst in der französischen Armee.*

Croirez-vous, messieurs, qu'un officier nordiste envoyé de ronde de nuit réussit à pénétrer, sans être arrêté ni même interpellé, dans les camps de plusieurs régiments, n'y rencontra que des sentinelles endormies dans leurs couvertures et enleva le drapeau d'un de ces régiments dans la tente même du colonel? Il est vrai que ce fait remonte au commencement de la guerre. Le plus grand mal peut-être était que la plupart des généraux formés à l'école de West-Point n'avaient jamais étudié le service des avant-postes que dans les traités classiques européens, où ils avaient appris à serrer de jour, et encore plus de nuit, les postes contre les camps et les bivouacs (1). Des attaques de cavalerie légère, menée par des chefs entreprenants et de hardis partisans, eurent pour conséquence de faire renforcer le cercle des avant-postes et restreindre de plus en plus le rayon autour des détachements et des corps à garder. Il arriva alors, comme le fait observer la revue prussienne, que l'ennemi se heurtait en même temps aux vedettes, aux grand'gardes et au gros de l'armée. C'est ce qui eut lieu, par exemple, en mai 1863, à la bataille de Chancellorsville. Le général sudiste Jackson étant venu, par un rapide mouvement tournant, se placer sur l'extrême droite du 11e corps fédéral, formée de la division Devens, l'assaillit à l'improviste ; les avant-postes de cette division, établis dans un bois épais à quatre cents pas des bivouacs, se replièrent en désordre sur les régiments

(1) Je dis *la plupart des généraux* et non *tous les généraux*, parce qu'en effet quelques-uns seulement s'étaient familiarisés de longue date avec la guerre périlleuse d'avant-postes contre les Indiens du Far-West, fins limiers plus redoutables encore que les Kabyles.

placés immédiatement en arrière. Ceux-ci coururent aux armes et tentèrent de résister, mais furent promptement culbutés et débordés, puis rejetés sur le reste de la division, qui, rompue de toute part, se précipita comme un torrent en débâcle vers Chancellorsville et le Rappahanock, entraînant avec elle artillerie, voitures et ambulances, et communiquant le désordre jusqu'aux réserves (1).

Enfin la même revue ajoute : « Lorsque Bugeaud dictait « ses préceptes, on n'avait ni fusils ni pièces à longue por- « tée. Avec des armes dont le tir est efficace jusqu'à 1 000 mè- « tres, il peut arriver aujourd'hui que des détachements « venant à s'emparer des hauteurs occupées par des senti- « nelles tirent de là sur les grand'gardes et le gros des avant- « postes. Les pièces rayées, de leur côté, peuvent faire feu « jusqu'au milieu des bivouacs. »

Raison de plus, messieurs, et raison capitale pour tenir à grande distance les petits postes, les sentinelles et les patrouilles elles-mêmes. Mais je m'arrête là-dessus, car j'ai surtout en vue le service de nuit ; et quelque intéressante que me paraisse une étude des modifications probables que le perfectionnement des armes et les progrès de l'artillerie introduiront dans le service des avant-postes, je reviens au sujet que j'ai choisi.

Le titre VIII de l'ordonnance de 1832 continuera à me servir de cadre, de point de départ pour quelques remarques que j'ai encore à vous soumettre sur deux points importants

(1) Lecomte. *Guerre de la sécession.* (1861-1865.)
Regis de Trobriand, *Quatre ans de campagne à l'armée du Potomac.*
Militær-Wochenblatt du mois de septembre 1868.

du service de sûreté de nuit : en premier lieu, l'emplacement de nuit des vedettes et sentinelles ; en second lieu, les signaux.

L'article 88 du titre VIII de l'ordonnance de 1832 dit que les emplacements de jour des sentinelles seront choisis sur des points élevés d'où la vue embrasse au loin, et que ceux de nuit le seront de préférence dans les lieux bas, d'où l'on distingue mieux ce qui vient d'en haut. Cette prescription est de Frédéric II. Les Prussiens l'ont conservée comme nous. En est-elle meilleure pour cela ? Quant à moi, je pense que de nuit on ne voit mieux d'en bas ce qui vient d'en haut que dans le cas particulier où la hauteur observée est découverte et se détache sur le ciel. Alors, en effet, des sentinelles et des vedettes placées de nuit dans les bas-fonds distingueront assez bien, à l'horizon des hauteurs, les silhouettes des vedettes et des patrouilles ennemies, à la vue desquelles elles seront elles-mêmes dérobées par leur position. Mais si le terrain est couvert sur les sommités, une sentinelle postée de nuit en un lieu bas n'y verra pas mieux ce qui s'étend autour d'elle que si elle était sur la hauteur. Je pense même qu'elle verra mieux d'en haut, surtout par un temps de brouillards : dès le soir, les vapeurs descendent dans les bas-fonds. Ce phénomène bien connu se produit dans les pays allemands du Nord quelquefois avec une grande intensité, surtout le long des cours d'eau. Lors même qu'il n'en serait pas comme je viens de le dire, une sentinelle placée au pied d'une hauteur n'a-t-elle pas le désavantage de mal entendre ? Les bruits les plus rapprochés l'empêchent de percevoir ceux qui viennent de loin. Au contraire, les bruits les plus légers partant de loin montent sans confusion vers les points élevés, parce qu'ils ne rencontrent pas d'obstacles, et viennent y frapper une oreille attentive. Je croirai donc toujours préférable d'appeler de nuit les oreilles au secours des yeux. Rien n'est plus précieux, même par les nuits un peu éclairées, que le concours de ces deux sens ouverts constamment sur les moindres mouvements de l'ennemi. Dans l'obscurité impénétrable, l'ouïe supplée même complétement à la vue (1). Est-ce à dire pour cela que les sentinelles et vedettes ne doivent pas être postées dans les lieux bas ? Non, sans doute. Ceux-ci forment souvent des paysages couverts par où l'ennemi peut se glisser et qu'il est indispensable de surveiller de très-près. Mais pour les raisons que j'ai données, il ne me paraît pas qu'on doive préférer les hauteurs dans le choix des emplacements de nuit.

J'ai encore quelque chose à dire des sentinelles et des vedettes : Pourquoi n'aurions-nous pas aux avant-postes uniquement des sentinelles doubles, c'est-à-dire des sentinelles fixes doublées de sentinelles volantes ? Les Prussiens ne connaissent pas les sentinelles solitaires ; ils n'en ont que de doubles, sous le nom de *doppelposten*, tandis que chez nous elles ne sont recommandées qu'en terrain très-coupé, par les nuits sombres et orageuses, avec des soldats improvisés ou

(1) Les Allemands ont calculé que, par une nuit tranquille, on peut entendre la marche d'une compagnie d'infanterie à la distance de 5 à 600 pas si l'on marche, et à 7 ou 800 pas si l'on est en place. A 700 ou 750 pas, on entend un escadron au trot ; s'il est au galop, à 1000 pas. Les données pour l'artillerie sont à peu près les mêmes que pour la cavalerie. Sur un terrain uni, des cavaliers isolés se font entendre de 100 à 200 pas de distance.

qui ne sont pas suffisamment aguerris, ou enfin si l'on a à tenir tête à des troupes légères nombreuses et entreprenantes. Je n'insiste pas sur les avantages si faciles à apprécier des vedettes et sentinelles doubles. Il me semble qu'elles seraient précieuses dans toutes les circonstances de jour et de nuit, surtout de nuit, comme garantie contre les surprises.

Quelques écrivains militaires ont proposé, pour les vedettes et sentinelles, l'ordre en échiquier, bien préférable, selon moi, à la ligne droite. De nuit principalement, aucune disposition ne me paraît plus propre à tromper l'ennemi sur la véritable position des avant-postes et à l'éloigner de tenter des coups de main.

La seconde question sur laquelle je désire appeler votre attention est celle des signaux, dont il est parlé très-brièvement dans l'ordonnance. Le dernier paragraphe, précédemment cité, de l'article 85 prescrit aux petits postes de nuit des corps détachés l'usage des signaux. Aux termes du dernier paragraphe de l'article 87, la garde et la direction des signaux établis par l'état-major sur les points élevés doivent être souvent confiés aux grand'gardes, qui reçoivent dans ce but des consignes et instructions spéciales (1). Le règlement sur le service en campagne pose donc en principe l'utilité des signaux employés comme moyens de communication. En vous en parlant, j'ai surtout en vue ceux de nuit, qui doivent suppléer à la fois à la vue et à l'ouïe, quelquefois

(1) Le règlement de 1832 est le premier qui recommande l'emploi de signaux. Il n'en est pas question dans les règlements et instructions de 1788, 1792, 1809, 1815 et 1823.

même à l'étendue de la voix ; ce sont les plus importants en raison de la difficulté plus grande où l'on se trouve, pendant la nuit, de s'entendre à distance par d'autres moyens sur tout ce qui peut intéresser la sûreté de l'armée. Les meilleurs signaux de nuit sont probablement ceux qui sont silencieux : Frédéric II conseillait ceux « qui évitent la tiraillerie, « les alarmes et la criaillerie, qui ne peuvent qu'apporter une « sorte de terreur et empêcher d'exécuter les ordres en « règle (1). »

Les signaux de nuit, généraux ou particuliers, fixes, mobiles ou aériens, quels qu'ils soient, coups de fusil ou de canon, fusées, balles à feu, feux ordinaires, feux colorés, incendies, ballons lumineux, phares, falots, lumière électrique et tous autres artifices éclairants (ce ne sont pas les moyens qui manquent), peuvent rendre de grands services, si on les combine avec la télégraphie électrique, dont l'emploi isolé, vous le savez, messieurs, est loin de s'étendre à tous les cas. En bien des circonstances, les signaux, presque toujours faciles à établir, et permettant d'éviter des pertes de temps dans la transmission des ordres, compléteront les données fournies par le télégraphe et dans d'autres y suppléeront.

Les Américains n'en ont jamais usé autrement pendant la guerre de la sécession. C'est au siége de Charlestown, en 1863, que le service des signaux prit chez eux un grand développement. Leurs vigies, empruntées à la marine, servies par un corps spécial, consistaient en échafaudages, en tours avec

(1) Instruction secrète dérobée à Frédéric II, traduite par le prince de Ligne.

observatoire ; ils les complétaient par l'emploi d'appareils de télégraphie électrique, et trouvèrent moyen d'assurer de jour et de nuit le service de sûreté et celui de reconnaissance, ainsi que la transmission des ordres aux divers corps. Le corps des signaux formait un détachement de l'état-major particulier, et telle était l'importance de ce service, qu'il y avait à New-York une fabrique considérable de signaux de nuit (1).

J'en reviens à ce qui se passe chez nous : je me demande s'il a été souvent fait usage des signaux, et si le soin de leur direction a été alors dévolu aux grand'gardes, comme le prescrit l'ordonnance de 1832. En connaissez-vous quelque exemple ? Que cela ait eu lieu ou non, je pense que l'affaire des grand'gardes n'est pas de diriger les signaux établis par l'état-major, elles qui, pour assurer la sûreté du camp ou du bivouac, ont, de nuit principalement, tant de précautions à prendre et des consignes si multiples à observer. J'admets qu'on sera quelquefois amené par des considérations, tirées de la configuration du terrain, à choisir le même emplacement pour les grand'gardes et les signaux ; mais cela n'arrivera pas toujours ainsi, et il sera parfois avantageux d'établir les signaux, soit en avant des grand'gardes, soit au milieu ou sur les derrières des bivouacs et des cantonnements ; dans ces derniers cas, ce n'est pas aux grand'gardes qu'on peut en confier la direction. Ajoutez à cela que si l'on veut tirer le meilleur parti de l'aide mutuelle que peuvent se prêter les signaux et la télégraphie, il n'y a pas de doute que

(1) En 1846, le général Napier donna pour guides de nuit aux troupes anglaises des Indes un certain nombre d'éléphants porteurs de fanaux de toutes couleurs établis sur le hodwah ou château qu'on met ordinairement sur le dos de ces animaux.

ces deux services ne doivent être concentrés dans les mêmes mains. A plus forte raison, alors, les grand'gardes ne sont-elles pas en état de répondre aux exigences de ces deux services. L'utilité d'un corps de signaux adjoint au personnel télégraphique ressort aussi de ces considérations, que je n'étendrai pas davantage.

Je terminerai ce que j'ai à vous dire du service de sûreté de nuit par quelques observations sur l'application qu'on peut faire en temps de paix du système des avant-postes : c'est une des plus sérieuses et des plus instructives qu'offre le service en campagne, parce qu'elle révèle un grand nombre de circonstances saisissantes de la véritable guerre. Pour que cette application fût complète et fructueuse, il faudrait qu'elle pût reproduire fidèlement la réalité des choses dans le double service de jour et de nuit. Cela est assez difficile à obtenir. Les Prussiens néanmoins ne reculent pas devant les difficultés de la mise en pratique des détails du service de nuit. Disons franchement qu'ils exagèrent un peu les choses sous ce rapport. Sachons aussi convenir que nous tombons dans l'excès contraire. Entre la théorie pratique sur le service en campagne, telle qu'elle est enseignée dans nos casernes, et l'application des prescriptions les plus méticuleuses, telle que nous la rencontrons chez nos voisins, il y a sans doute un moyen terme, et, pour ne vous parler que du service de nuit aux avant-postes, que ne cherchons-nous dans les particularités qu'il présente, pour l'apprendre ensuite à nos soldats, sur des terrains variés, étudiés de jour, tout ce qui peut contribuer à développer leur intelligence et leur mémoire, même à exciter leur pénétration, à entretenir leur activité, à leur aider à supporter les fatigues et à vaincre le sommeil, à braver les intempéries, à leur communiquer des habitudes de rigoureuse vigilance, à leur inspirer un respect sans égal de la discipline et des consignes. Le profit que tireront de ces leçons pratiques les hommes auxquels elles s'adresseront ne sera peut-être pas en rapport direct avec les efforts des chefs; qu'importe? il en restera toujours quelque chose. Un important résultat sera atteint d'un autre côté : à cette laborieuse école, ingrate seulement en apparence, officiers et sous-officiers avanceront tous les jours d'un pas dans la science difficile de l'appréciation des qualités du terrain et de son appropriation aux différentes armes.

Avant de continuer cette étude, je résumerai rapidement les observations que je viens de vous présenter sur le service de sûreté de nuit :

L'importance de ce service mériterait des prescriptions plus spéciales, plus développées que celles de l'ordonnance;

Le système de rapprocher de nuit les avant-postes des camps et des bivouacs est contraire à la sécurité, il n'est pas en rapport avec le véritable but des avant-postes;

Il serait utile de généraliser l'emploi des petits postes de nuit, poussés très au loin et déjà adoptés dans les corps détachés;

La préférence donnée aux hauteurs sur les lieux bas, dans le choix des emplacements de nuit des vedettes et sentinelles, n'est pas suffisamment justifiée;

Les sentinelles doubles sont précieuses dans tous les cas;

La disposition en échiquier, de nuit, pour les sentinelles et même pour les petits postes, est préférable à la ligne droite;

Les meilleurs signaux de nuit sont silencieux; il n'est pas dans le vrai rôle des grand'gardes de les diriger; leur emplacement n'est pas toujours sur le terrain des grand'-gardes; combinés avec le télégraphe électrique, ils rendraient de grands services;

Enfin l'application intelligente du service de sûreté de nuit peut conduire à d'importants résultats.

Comme vous le voyez, messieurs, je me suis borné à mettre en relief des principes, et me suis beaucoup moins préoccupé des moyens d'exécution; vous ne vous en étonnerez pas. Il serait superflu d'apporter un contingent de nouvelles dispositions de détails à la masse déjà trop considérable de celles qu'ont accumulées un grand nombre de théoriciens obéissant aux instincts de leur esprit plus ou moins ingénieux ou inventif.

Marches de nuit.

Mon intention est de procéder de la même manière dans l'examen des marches de nuit qui forment la seconde partie de cette étude.

Je commencerai par poser en principe que les marches de nuit n'ont pas d'objet distinct de celui des marches de jour; ce sont toujours des marches; on n'est donc pas fondé à contester l'utilité du but qu'on se propose en marchant de nuit; il ne peut y avoir matière à discussion sous ce rapport.

Ce point étant établi, j'essayerai de répondre aux questions suivantes, que j'ai été amené à me poser en étudiant les mouvements nocturnes :

1° *A-t-on souvent marché de nuit?*

2° *S'est-on trouvé quelquefois dans la nécessité de marcher de nuit?*

3° *Dans quelles circonstances les marches de nuit ont-elles été préférées à celles de jour?*

4° *Quelles sortes d'avantages peuvent déterminer la préférence donnée en certains cas aux mouvements de nuit sur ceux de jour?*

5° *Quels sont les inconvénients des marches de nuit, et comment les atténuer?*

Et d'abord a-t-on souvent marché de nuit? Oui, messieurs, de tout temps, en tout pays, les armées régulières ont exécuté un grand nombre de marches de nuit. Pour les trouver dans l'histoire militaire, il suffit de s'appliquer à les rechercher, et, si on ne se fait pas toujours une idée juste de leur fréquence, c'est que généralement on ne les étudie pas à part des autres opérations. A moins qu'une marche n'ait lieu dans des circonstances qui la mettent en évidence et fixent l'attention, on se préoccupe assez rarement de savoir si c'est de nuit ou de jour qu'une armée opère ses mouvements. Ajoutez à cela que les histoires générales ne mentionnent pas toujours les marches nocturnes; enfin bon nombre de théoriciens n'en parlent qu'accidentellement, ou pour mémoire, ou encore pour le plaisir de dire hyperboliquement, d'accord en cela avec le prussien Blücher, qu'elles sont plus redoutables que l'ennemi lui-même. Mais les faits sont là qui prouvent la multiplicité des mouvements exécutés de nuit, mouvements qui, pour ne s'être pas passés à la lumière du grand jour, n'en sont pas moins indéniables.

J'aborde la seconde question : s'est-on trouvé quelquefois

dans la nécessité de marcher de nuit ? Il est facile de s'assurer, l'histoire militaire en main, que les marches de nuit n'ont pas toujours été un moyen choisi de bon gré. Néanmoins les cas d'absolue nécessité sont relativement rares, exceptionnels: Je vous en citerai un premier dans la campagne de 1814, où la rapidité imprimée aux opérations amena assez souvent des marches de nuit.

Vous connaissez les conjonctures pressantes dans lesquelles se trouvaient les maréchaux Mortier et Marmont, en mars 1814, après l'échec de la Fère-Champenoise. Ils avaient 12 000 hommes à peine, avec lesquels ils étaient venus, après leur départ de Sézanne, prendre position en arrière du défilé d'Eternay. Tout à coup, les alliés se présentèrent devant eux avec des forces de beaucoup supérieures aux leurs, et commencèrent à faire des dispositions d'attaque. Les maréchaux se sentant aussi pressés sur leurs derrières, et d'ailleurs menacés en avant de leur flanc droit par l'ennemi qui occupait Montmirail, se décidèrent à continuer leur mouvement de retraite sur la Ferté-Gaucher. Quand ils atteignirent ce bourg, ils trouvèrent l'ennemi en force sur le grand Morin et battant la route avec une nombreuse artillerie. La nuit était venue. Tandis que Mortier tentait de s'ouvrir un passage en avant, Marmont avec une poignée d'hommes contenait au défilé de Montils un corps bavarois qui le poursuivait à outrance, et donnait au reste de l'armée le temps de se retirer. Le terrain était fangeux, on avançait avec peine. A ce moment, le duc de Trévise, qui marchait en tête, annonça à Marmont qu'au lieu de continuer à suivre la route de Coulommiers, il se rabattait sur la gauche et prenait à travers champ pour gagner Provins. Cette marche éloigna, il est vrai, les corps français de la direction qu'ils devaient suivre en premier lieu pour atteindre la Marne entre Lagny et Meaux, elle provoqua parmi les troupes et surtout chez les maréchaux de cruelles angoisses, mais en définitive, elle leur permit de sortir d'un véritable coupe-gorge, sans qu'ils aient été inquiétés par l'ennemi. On arriva le matin à Provins, n'ayant perdu que quelques caissons (1).

La campagne de 1812, en Russie, offre deux exemples bien caractérisés de marches de nuit opérées dans une situation encore plus désespérée. Quand la grande armée quitta Smolensk, vous savez à quelle extrémité elle se trouvait réduite. Le général russe Kutusof s'était borné, jusqu'à Krasnoé, à côtoyer le flanc gauche de l'armée française se retirant en échelons depuis Moscou ; il n'avait laissé passer Napoléon que pour barrer ensuite le chemin au reste de l'armée. C'est dans ce but qu'il vint se placer entre Smolensk et Orscha, au pont de Krasnoé, jeté sur le ravin de la Lossmina, affluent du Dniéper. Le corps du prince Eugène, marchant à la suite de la garde et réduit à 10 000 ou 12 000 hommes, sur lesquels 5 à 6 000 au plus étaient en état de porter les armes, trouva le passage fermé. En vain le général d'Ornano essaya-t-il de le franchir avec sa cavalerie, il fut ra-

(1) Thiers. *Histoire du Consulat et de l'Empire.*

Lettres autographes du maréchal Marmont, aux archives du dépôt de la guerre.

Mémoires du maréchal Marmont, duc de Raguse. Marmont termine par ces mots le récit qu'il fait de la retraite sur Provins : « Chose mémorable ! « nous sortîmes sans aucune perte de la plus terrible position où jamais des « troupes aient été placées. »

mené ; en vain aussi la division Broussier voulut-elle à son tour percer la muraille de fer opposée par 30000 Russes : elle fut horriblement mitraillée. Le colonel russe Koudachef, envoyé en parlementaire, fut dédaigneusement repoussé. Le prince Eugène, après s'être concerté avec les généraux, se décida à se jeter à droite au milieu des terres, dans la direction de Krasnoé, en suivant le Dniéper. La division Broussier resta en ligne pour simuler une attaque vers la gauche.

Le défilé se fit en grand silence, dans la nuit du 15 au 16 novembre, par un chemin de traverse et en se couvrant de quelques plis de terrain. « Tandis que la colonne, dit « M. Thiers, s'échappait sur la neige sans autre bruit que la « chute des hommes qui tombaient de fatigue ou trébuchaient « pendant cette marche de nuit, on rencontra tout à coup « un détachement de troupes légères du général Miloradowitch, à qui la clarté de la lune avait révélé notre manœuvre. Heureusement, un officier polonais du corps de « Poniatowski, sachant le russe et se servant de la connaissance qu'il avait de cette langue avec une rare présence « d'esprit, dit à l'officier ennemi qu'il eût à se taire et à s'éloigner, car le corps qu'il voulait arrêter était un détachement de Miloradowitch exécutant une manœuvre autour « de Krasnoé. On parvint ainsi, après deux heures de marche, à Krasnoé, laissant toutefois plus de 2000 morts ou « blessés sur la route, ainsi que les restes de la division « Broussier, qui ne pouvaient être sauvés que par l'arrivée « des maréchaux Davoust et Ney. »

Lorsque vint le tour de Ney, le dernier qui resta à Smolensk, il tenta à plusieurs reprises, avec l'énergie du désespoir, de forcer le passage; mais il n'avait que 6 à 7000 hommes épuisés et ne put parvenir à faire une trouée à travers les lignes des Russes. A bout d'efforts et après des pertes considérables sous le feu de l'artillerie ennemie, il prit le parti de rétrograder dans la direction de Smolensk, pour passer le Dniéper. Pendant le mouvement de retraite, un major russe envoyé par le général Miloradowitch le somma de se rendre. Le même officier rejoignit le maréchal au village de Danikowa et lui renouvela à deux reprises sa première sommation, en affirmant que tous les corps de l'armée française qui avaient pris les devants étaient complétement détruits. Mais, tout en s'acquittant de sa mission, l'envoyé russe examinait avec plus d'attention qu'un parlementaire ordinaire ce qui pouvait le renseigner sur la véritable situation du corps de Ney; celui-ci s'en aperçut, le fit arrêter et garder à vue, puis ordonna d'allumer les feux de bivouac, comme s'il eût voulu passer la nuit à Danikowa. Pendant que les Russes, s'imaginant tenir leur proie, allumaient aussi leurs feux, les Français, après un peu de repos, reprenaient silencieusement leur marche; guidés par un petit ruisseau gelé, ils atteignirent, vers dix heures du soir, les rives du Dniéper, entre Syrokorénié et Gusinoé. Le fleuve était gelé; la glace n'ayant qu'une faible épaisseur sur les bords fut bientôt rompue par le poids des premiers hommes qui s'aventurèrent; ceux qui les suivirent furent obligés d'entrer dans l'eau jusqu'à la ceinture pour gagner le plateau de glace flottant qui couvrait le milieu du Dniéper. Le passage se fit homme par homme, et fut terminé à une heure du matin; les chevaux et les bagages furent abandonnés. Ney se remit aussitôt en marche ; alors nouveaux obstacles à surmonter, nouvelles angoisses à souffrir : de jour, nos soldats étaient harcelés par les Cosaques ; de nuit, ils traversaient de grands bois où ils se dispersaient souvent. Le 19 au soir, ils étaient à 5 ou 6 lieues d'Orscha, sur la lisière d'un bois où ils passèrent la nuit. Le prince Eugène, vivement préoccupé du sort de Ney, et ayant appris par des éclaireurs qu'il n'était pas éloigné, se porta le 20 au soir dans la direction où il supposait qu'il devait se trouver, et tira quelques coups de canon qui furent heureusement entendus du maréchal. Le prince fit ensuite faire des signaux et allumer de grands feux devant lesquels passèrent plusieurs fois les quelques milliers d'hommes auxquels était réduit son corps d'armée. Les Russes, surpris et croyant avoir devant eux des forces imposantes, se retirèrent à la hâte, et Ney put atteindre Orscha dans la nuit du 20 au 21 ; mais il ne ramenait que 1 200 hommes au plus (1).

Les marches que je viens de rapporter ont été nécessaires, forcées, en quelque sorte fatales. Considérées sous ce rapport, on ne serait pas en droit de dire qu'on aurait pu les éviter. De telles marches sont difficiles et périlleuses, et il n'y a pas lieu d'en être surpris, puisqu'elles s'effectuent dans des circonstances très-défavorables dont on n'est pas le

(1) Thiers, *Histoire du Consulat et de l'Empire*.
Duc de Fezensac, *Souvenirs militaires*.
De Chambray, *Histoire de l'expédition de 1812 en Russie*.
Fourmestreaux, *Vie du prince Eugène*.
De Puibusque, *Lettres sur la guerre de Russie en 1812*. Cet ouvrage contient une relation intéressante des opérations du 3e corps du 16 au 22 novembre, due à un officier de l'état-major général de ce corps.

maître d'arrêter, de retarder ou de modifier à son gré le cours funeste. Cependant, tout en étant une ressource forcée qui s'impose et non un moyen de salut choisi librement, les marches de cette sorte ont ce bon côté, qu'elles servent à une armée compromise par sa faute ou par les manœuvres de l'armée ennemie, à échapper à un malheur encore plus grand que celui qu'elles causent. Quelques pertes que l'on fasse en hommes et en matériel dans une marche de nuit tenue secrète, on n'en éprouvera généralement pas d'aussi graves que de jour, sous le feu meurtrier de l'ennemi. La conduite du prince Eugène et des maréchaux Ney, Mortier et Marmont ne peut avoir eu d'autre motif déterminant. Ainsi envisagées, ces marches de nuit ont été utiles, utiles seulement dans le sens du proverbe : *A quelque chose malheur est bon.*

Il s'en faut de beaucoup que la nécessité de recourir à des marches de nuit soit toujours aussi bien établie que dans les exemples précédents. Et encore n'affirmerai-je pas que tous les écrivains militaires se soient accordés pour déclarer que le prince Eugène et les maréchaux Ney, Mortier et Marmont n'aient pu faire autrement que de marcher de nuit. C'est que, disons-le, il est réellement fort difficile de marquer le point précis où ces sortes d'opérations cessent d'être rigoureusement nécessaires pour revêtir un simple caractère d'opportunité. Dans une circonstance donnée, les appréciations peuvent être très-diverses sur ce point. Après un grave échec, on voit quelquefois les généraux eux-mêmes divisés sur la question de se retirer de jour ou de nuit. C'est ainsi qu'en 1799, après la bataille de Magnano, perdue par les

Français contre les Autrichiens commandés par Kray, Moreau opina pour coucher sur le champ de bataille, tandis que Schérer se décida à faire une retraite de nuit, retraite qui s'effectua, vous le savez, de l'Adige sur le Mincio, et plus tard sur l'Adda.

Toutefois, malgré ces divergences d'opinion, qui sont une preuve de plus entre tant d'autres qu'il n'y a rien d'absolu dans cet art si complexe qu'on appelle *la guerre*, il est impossible qu'on ne reconnaisse pas qu'en certaines occasions, nécessairement rares, une armée n'a d'autre ressource qu'une marche de nuit pour échapper à une ruine complète.

Les cas de marche précédents étant mis à part, il me reste à examiner les mouvements nocturnes exécutés volontairement par des armées en possession des principaux moyens d'en assurer la réussite, les seuls mouvements, en définitive, qui puissent être proposés à l'imitation. Le moment est donc venu de répondre à la question suivante, la troisième de celles que j'ai posées dès le début : Dans quels cas les marches de nuit ont-elles été préférées aux marches de jour ?

Le général qui entreprend un mouvement nocturne se propose un but déterminé; autant de buts différents, autant de cas de marches de nuit. Or une énumération détaillée de tous ces cas serait singulièrement longue, difficile par cela même à rendre claire, et ne prouverait sans doute rien de plus en faveur de ces marches qu'un exposé succinct des cas principaux appuyés d'exemples. Je crois donc devoir me borner à cet exposé, que je vous prie de ne pas tenir pour une nomenclature de fantaisie, bonne seulement en théorie, mais bien pour une classification sérieuse basée sur des faits et pouvant servir dans l'application pratique.

Ceci posé, je distingue sept cas de marches de nuit :

1° *On profite de la nuit pour marcher sur une position où l'on veut être en force devant l'ennemi et au besoin prévenir son attaque.* — Ainsi fit Bonaparte, en 1797, à Rivoli. Il attendait à Vérone le développement du plan d'Alvinzi. Le 13 janvier au soir, après que l'attaque de la Corona lui eut révélé le véritable dessein du général autrichien, qui était de percer par Rivoli avec ses principales forces, et dès qu'il vit Joubert menacé d'être assailli et cerné sur le plateau, ordre fut donné à Masséna et à Leclerc de s'y porter de nuit en toute hâte : le premier avec trois demi-brigades de sa division, alors à Vérone; le second avec un régiment de cavalerie et deux pièces d'artillerie légère. Bonaparte lui-même partit de Vérone en poste à neuf heures du soir et arriva dans la nuit sur le plateau avec son état-major. Le 14 au matin, les soldats de Joubert entamaient l'action contre l'ennemi, de beaucoup supérieur en nombre. Leur résistance, encouragée au moment critique par Bonaparte, donna à Masséna le temps d'arriver en ligne et de décider du succès de cette grande journée (1).

La guerre de la sécession américaine offre un cas de marche de nuit opérée dans des circonstances analogues. Le 16 septembre 1862, la division du général sudiste Jackson, qui venait de s'emparer de l'importante place de dépôt de

(1) Thiers, *Histoire de la Révolution française*.
Archives du dépôt de la guerre, Registre manuscrit des ordres de Berthier.

Harper's-Ferry, quitta cette ville et marcha la plus grande partie de la nuit pour gagner Sharpsburg, où elle déboucha rapidement dans les lignes des confédérés, et prit position sans retard sur l'aile gauche du général Lee. Le 17 au matin commença la fameuse bataille d'Antietam (1).

2° *Les marches de nuit servent à opérer des mouvements tournants sur les flancs ou les derrières de l'ennemi.*—L'emploi des marches de nuit dans ce but est particulièrement recommandé par le règlement sur le service en campagne (2) et deviendra probablement plus fréquent que jamais avec les armes nouvelles qui, rendent si dangereuses les attaques de front et à découvert.

Dans la guerre d'Amérique, où j'ai déjà puisé l'exemple précédent, on voit le général Lee exécuter une marche de nuit en vue d'un mouvement tournant. Le général en chef confédéré était en mai 1863 à la tête de 60 000 hommes dans les lignes de Frédéricksburg. 130 000 fédéraux, commandés par Hooker, se vantaient de l'en déloger. Déjà, à la fin de l'année 1862, les nordistes avaient échoué contre ces lignes formidables. Tandis que Hooker, prenant position à Chancellorsville, croyait tourner Lee, celui-ci, informé à temps du mouvement de son adversaire, marchait de jour et de nuit pendant quarante-huit heures et venait se placer sur sa droite et sur ses derrières. Hooker paya l'habile manœuvre de Lee, sorte de surprise en grand, par une défaite qui tourna à la déroute (3).

(1-3) Lecomte, *Guerre de la sécession* (1861-1865).

(2) Voir le treizième paragraphe de l'article 134 du titre XIII : Instruction sommaire sur les combats.

3° *Une armée abandonne de nuit, pour ne pas être entamée, une position qu'elle juge gravement compromise par les manœuvres d'un ennemi supérieur en nombre.*—La retraite de Dumouriez du camp de Grandpré sur Autry, en septembre 1792, s'effectua dans ces circonstances. Je la rapporterai d'autant plus volontiers, qu'elle a donné lieu à d'intéressantes controverses sur lesquelles j'aurai à revenir.

Le général Chasot venait de perdre, sans espoir de le reprendre, le défilé de la Croix-aux-Bois ; et les 15 000 hommes de Dumouriez, au camp de Grandpré, avec peu de vivres et presque sans munitions, se trouvaient enfermés par 65 000 hommes entre deux rivières. C'en était fait de cette petite armée, si Clerfayt et Kalkreuth gagnaient ses derrières.

Dans cette situation critique, Dumouriez prit le parti de se retirer de nuit. Tout fut soigneusement calculé pour ne pas éveiller les soupçons des Prussiens. Un parlementaire s'étant présenté, Dumouriez lui montra ses troupes livrées au sommeil comme si aucun péril ne les menaçait ; mais dès que l'officier prussien fut parti, on leva le camp en toute hâte pour marcher en silence vers les ponts de l'Aisne.

La nuit était orageuse ; on suivit des chemins boueux, difficiles. Les troupes n'avaient point été mises dans le secret de la retraite, elles n'eurent par conséquent pas le temps de s'alarmer ; il n'y eut de confusion qu'à l'arrière-garde, poursuivie par des hussards prussiens. Dumouriez parvint à y rétablir l'ordre promptement, et au matin, toutes ses troupes, ayant traversé l'Aisne, se mettaient en bataille sur les hauteurs d'Autry.

Quatre jours après, la canonnade de Valmy donnait raison à Dumouriez (1).

Dans des temps plus voisins de nous, dans la campagne de la Prusse et de l'Autriche contre le Danemark, en 1864, vous avez vu le général Meza se retirer de nuit avec la petite armée danoise de la position du Dannewerk au moment où les Autrichiens se disposaient à l'attaquer de front et les Prussiens à revers. Un silence impénétrable fut gardé sur la retraite projetée. La communication des ordres de départ ne se fit qu'au dernier moment. Pour tromper l'ennemi, on laissa quelques pièces en batterie et des détachements furent chargés d'entretenir des feux jusqu'à une heure avancée. La retraite, réglée avec prudence et couverte par deux régiments de cavalerie, s'effectua par une nuit glaciale du mois de février, entre six heures du soir et une heure du matin, sur une seule route couverte de verglas. La réserve d'artillerie, la cavalerie et les équipages avaient pris les devants pour ne pas retarder la marche. Les pertes en matériel furent assez sensibles, surtout par suite de l'abandon de la grosse artillerie ; mais on parvint heureusement à ne pas attirer l'attention de l'ennemi. Celui-ci ne fut prévenu du départ du général Meza, par les habitants de Sleswig stupéfaits, que lorsque l'armée danoise était en mesure de s'embarquer pour l'île d'Alsen (2).

(1) Thiers, *Histoire de la Révolution française.*

Gouvion Saint-Cyr, *Mémoires sur les campagnes des armées du Rhin et de Rhin et Moselle.*

Archives du dépôt de la guerre, Lettres de Dumouriez.

(2) F. Crousse, *Invasion du Danemark en* 1865.

Rüstow, *Der deutsch-dänische Krieg*, 1864.

4° *On effectue une retraite de nuit après une bataille perdue et, en général, après un revers prononcé, sans qu'il y ait poursuite de l'ennemi victorieux pour y contraindre absolument.* — Telle est la retraite qu'opéra Schérer en avril 1799 après sa défaite à Magnano. Lui-même dit, dans un rapport (1) adressé au Directoire, que les divisions Grenier et Victor se virent contraintes, vers les quatre heures du soir, à battre en retraite devant les Autrichiens, renforcés à chaque instant de troupes fraîches sorties de Vérone, et que, par suite de ce mouvement, son flanc droit resta découvert. Schérer ordonna aux autres divisions de conserver leur terrain jusqu'à la nuit tombante et de se retirer ensuite en arrière sur les positions qu'elles occupaient la veille (2).

Telle est encore la retraite qu'opéra Napoléon, la nuit du 1er février 1814, après le combat de la Rothière. L'avantage, pendant le jour, était resté à Blücher, mais les alliés avaient 100 000 hommes et nous seulement 32 000. L'empereur, convaincu que la nuit seule protégerait efficacement son mouvement rétrograde, ordonna au maréchal Oudinot de recommencer une nouvelle lutte dans la Rothière. A l'issue de cet engagement nocturne, qui avait pour but d'intimider l'ennemi, Napoléon se retira lentement, en ordre régulier, et faisant bonne contenance. Le corps de Marmont fut laissé

(1) Ce rapport, daté du 6 avril 1799, est aux archives du dépôt de la guerre.

(2) Schérer, dans son rapport adressé au Directoire, fait observer que les deux armées n'avaient combattu ni d'un côté ni de l'autre sur le terrain où elles avaient décidé de se rencontrer ; il se plaint avec amertume de sa grande infériorité numérique et du manque de chevaux d'artillerie et de transport.

sur la Voire, afin de faire croire aux alliés que l'armée française était prête à accepter un nouveau combat. Le lendemain matin, quand Blücher, resté inactif pendant la nuit, s'avança du côté du pont de Lesmont, l'empereur achevait d'y faire défiler ses troupes, et Marmont franchissait la Voire, à Rosnay (1).

5° *Les marches de nuit s'appliquent aux poursuites dans le but de pousser une armée battue au delà d'une position ou d'une ligne de défense, où elle serait en mesure de s'arrêter et de résister avec avantage, si on la laissait se retirer librement.* — Je vous rappellerai à ce sujet la poursuite que Napoléon ordonna, dans la nuit qui suivit la bataille d'Eckmühl (avril 1809), à sa cavalerie légère, soutenue par les cuirassiers. L'ennemi fut poussé au delà d'Eglosheim, où l'empereur voulut s'arrêter, bien que Lannes proposât de continuer la poursuite jusqu'à Ratisbonne.

Les poursuites de nuit sont des opérations délicates sur l'opportunité desquelles les généraux et les officiers ne se mettent pas toujours d'accord au sein d'une même armée.

Le colonel suisse Lecomte rapporte, dans sa remarquable esquisse de la guerre de la sécession américaine, qu'on a grandement reproché au général Bragg de n'avoir pas cédé aux sollicitations de ses officiers qui le pressaient de poursuivre de nuit les fédéraux de Rosenkranz battus à Chattanooga (novembre 1863), afin de les rejeter au delà du Tennessee.

6° *Les marches de nuit préludent à des attaques par surprise*

(1) Thiers, *Histoire du Consulat et de l'Empire.*
Koch, *Mémoires pour servir à l'histoire de la campagne de 1814.*

tentées de nuit ou au point du jour.— Depuis les campagnes de la Révolution jusqu'à nos jours, tous les théâtres de guerre de l'Europe ont vu s'effectuer un grand nombre de marches nocturnes en vue de surprises ; leur emploi dans ce but a même été, vous le savez, systématisé en Afrique pour opérer les razzias. Je me bornerai à vous citer un exemple de marche de nuit précédant une surprise tentée au point du jour ; je l'emprunte à la campagne de 1866, en Allemagne :

Le 22 juillet arrivait à Plauen (Saxe), par la voie ferrée, l'avant-garde du 2e corps de réserve prussien, composée d'un bataillon de fusiliers, d'une compagnie de chasseurs, d'un escadron et de deux pièces : selon la relation officielle prussienne, cette avant-garde marcha pendant toute la nuit du 22 au 23, pour atteindre, dès le matin du 23, Hof-sur-Saale (Bavière), où elle tomba inopinément sur deux compagnies bavaroises, fit prisonniers 65 hommes, placés aux avant-postes, et canonna le train qui emportait les Bavarois (1).

7° *La nuit sert à masquer les changements d'emplacement partiels qui s'effectuent dans l'étendue d'une position.* — En février 1814, l'armée du prince Eugène et celle des Autrichiens exécutèrent de nuit les mouvements qui amenèrent la bataille du Mincio. On conçoit facilement que, sur une position d'un développement considérable, les mouvements partiels puissent devenir de véritables marches qui se prolongent pendant une grande partie de la nuit. L'utilité de ces changements se fait sentir en bien des cas : par exemple, quand on a reconnu à des dispositions adoptées des côtés

(1) Relation officielle de la campagne de 1866, par la section historique de l'état-major prussien.

défectueux ; quand, après avoir choisi un premier emplacement, on a intérêt à occuper des points abandonnés par l'ennemi, etc. Dans la guerre civile des États-Unis, les armées des deux partis étaient souvent en marche la nuit et quelquefois à une faible distance l'une de l'autre, sur le terrain où elles préparaient leurs moyens d'attaque et de défense.

Tels sont les cas les plus importants dans lesquels on a employé les marches de nuit de préférence à celles de jour. En quoi consistent les avantages qui ont déterminé cette préférence ? Pour répondre à cette nouvelle question, j'interrogerai d'abord les faits que je viens de rapporter.

La veille de la bataille de Rivoli, le 13 janvier 1797, Bonaparte ne connut que fort tard, dans la soirée, les projets du général Alvinzi. Cette journée, perdue par l'ennemi en préparatifs d'attaque pour le lendemain, étant à ce moment écoulée, il ne s'agissait pour Bonaparte que de mettre la nuit à profit ; il n'y manqua point. Mais, ce ne fut pas assez pour lui de renforcer à temps la division Joubert, qui n'aurait pu résister toute seule aux efforts combinés des corps autrichiens se rejoignant sur le plateau pour la pousser de front, la serrer sur ses flancs et la tourner par ses derrières (1), il parvint encore à se procurer l'avantage précieux de l'initiative. Qui voudrait avancer que, sans ces mouvements nocturnes précipités, Bonaparte eût réussi à atteindre ce double but (2) ?

(1) La correspondance de Joubert, les ordres de Berthier et les rapports officiels des demi-brigades, qui sont aux archives du dépôt de la guerre, ne laissent aucun doute sur les grands dangers que courait la division Joubert.

(2) Le général Berthier dit, dans son rapport sur la bataille, qu'Alvinzi ne

Dans la marche nocturne, précédemment rapportée, du général américain Jackson, pour venir prendre position dans les lignes des confédérés, avant la bataille d'Antietam, en 1862, la question de vitesse primait toutes les autres. Le général Mac-Clellan pouvait, en effet, d'un instant à l'autre attaquer Lee, et avait tout intérêt à le faire avant que celui-ci eût réuni ses forces.

Dans l'exemple également cité de la manœuvre tournante effectuée par Lee à Chancellorsville, en 1863, ce fut entre Lee et Hooker une lutte de vitesse et de secret où l'avantage resta à celui qui marcha de nuit.

En 1792, après le succès des Prussiens à la Croix-aux-Bois, la manœuvre qui pouvait perdre Dumouriez n'était pas encore effectuée ; quelques heures de plus étaient capables de changer totalement la situation respective des armées en présence. Dumouriez comprit heureusement qu'il était urgent de profiter sans délai du retard de l'ennemi à s'engager dans la trouée qu'il s'était ouverte de vive force, et c'est ce qui le décida (il le dit dans une lettre (1) adressée à Servan, alors ministre de la guerre) à se retirer de nuit. Les précautions particulières qu'il prit pour assurer l'ordre dans cette retraite, et pour tromper l'ennemi sur son entreprise, prouvent d'ailleurs combien il tenait à ce que ce mouvement restât secret pour les généraux prussiens. Si, marchant de nuit, il eut à escarmoucher avec 1 500 hussards, que serait-il donc advenu dans un mouvement de jour ?

s'attendait ni à la présence de Bonaparte ni à l'arrivée de renforts pour les Français au moment de l'action.

(1) Cette lettre, datée du 18 septembre, est aux archives du dépôt de la guerre.

Quand le général Meza, en 1864, évacuait le Dannewerk, il se proposait d'abord de gagner de vitesse sur les Austro-Prussiens, ensuite il préférait l'ombre de la nuit, amie du faible, à la lumière dénonciatrice du jour.

En 1799, après Magnano, Schérer, réduit à se tenir sur la défensive par suite de sa grande infériorité numérique, se hâta de prendre l'avance sur Kray, qui aurait pu le poursuivre.

En 1814, après le combat de la Rothière, « il ne restait, « dit le colonel Koch, à l'armée française, enfermée entre « l'Aube, la Voire et les marais de Valentigny, d'autre retraite « que sur la route de Troyes par Lesmont, et sur celle de Vitry « par Rosnay. Pourquoi ne pas la couper tout de suite et ne « pas la poursuivre avec chaleur sur l'autre, afin d'atteindre « du moins son arrière-garde au pont de Lesmont, où on « l'eût immanquablement entamée et où on lui eût pris une « partie de son artillerie (1) ? » C'est à ce danger, que Napoléon avait sans doute envisagé, qu'il échappa habilement par la célérité avec laquelle il conduisit son mouvement de retraite et par le secret dont il sut entourer sa marche.

Sans pousser plus loin l'examen des faits, il est facile de reconnaître les vrais motifs déterminants des marches de nuit, ceux qui commandent en quelque sorte tous les autres ; je les énoncerai sous forme de principes :

Les marches de nuit gagnent du temps ; elles permettent d'arriver secrètement au but qu'on se propose.

Elles gagnent du temps : ce qui ne signifie pas qu'on avance plus de nuit que de jour, mais bien qu'en certains cas, si une armée ne marche que de jour, elle pourra se trouver en

(1) Koch, *Mémoires pour servir à l'histoire de la campagne de 1814.*

retard sur celle qui se servira aussi de la nuit pour opérer ses mouvements.

Elles permettent d'arriver secrètement au but : ce qui ne veut pas dire qu'on ne puisse y arriver de la même manière pendant le jour, mais seulement qu'on a des chances plus sérieuses d'y parvenir à la faveur de l'obscurité.

Ainsi ce sont des qualités relatives de vitesse et de secret qui font généralement rechercher les marches de nuit. Or la vitesse et le secret sont deux des éléments constitutifs de la force matérielle et de la puissance morale des armées ; du degré plus ou moins élevé dans lequel entrent ces éléments dans une opération, dépendent en une certaine mesure les chances plus ou moins grandes de succès. Cette considération est de nature à faire comprendre quels effets on peut attendre des marches de nuit employées séparément ou en combinaison avec celles de jour.

Mais toute médaille a son revers, et je ne suis pas venu ici préconiser les avantages des marches de nuit avec la pensée de laisser dans l'ombre leurs inconvénients. Je ne veux éluder la réponse à aucune des questions que j'ai avancées.

Que dit-on communément de ces marchse ? qu'elles sont fatigantes et destructives et qu'elles engendrent la confusion.

Je me hâte d'observer que trop souvent on s'exagère ces côtés défectueux. La raison en est d'abord qu'on se reporte presque toujours, quand il est question de mouvements nocturnes, aux tableaux émouvants et désolés de ces marches funestes qui, après une défaite, se transforment, en dépit de la volonté des chefs et comme sous l'empire d'une force cachée, invincible, fatale, en déroute, en sauve-qui-peut général. Alors on oublie les véritables marches de nuit, celles qui, choisies librement, soigneusement calculées, s'accomplissent entourées de mesures d'ordre et de prudence et mènent au but sans encombre. On a aussi quelquefois le tort de relever à la charge des marches nocturnes des inconvénients que la nuit n'engendre point par elle-même. Pour être juste, il faudrait distinguer ce qui vient directement de la nuit, cause déterminante de fatigue et de désordre, principe incontestable de faiblesse et de désorganisation, de ce qui a sa source dans des circonstances étrangères à la nuit même. Assurément, la nuit favorise le développement de ces dernières circonstances et en aggrave les effets nuisibles, mais elle ne les fait surgir en aucune façon. Peut-être serait-on moins sévère pour ces marches si, la distinction précédente étant bien établie, on l'appliquait à l'étude des différents cas de marche. On verrait ainsi que la plupart du temps les causes qui ont fait échouer les mouvements de nuit ne sont autres que celles qui empêchent, ou du moins compromettent le succès de mouvements effectués en plein jour.

Comme exemple de ce que je viens d'avancer, je choisis deux marches rapportées et critiquées par le maréchal Gouvion Saint-Cyr, dans ses mémoires sur les campagnes des armées du Rhin et de Rhin et Moselle.

La première de ces marches est celle que Custine fit exécuter en novembre 1792 à l'arrière-garde de son armée, d'Ussingen sur Homburg; elle rentrait dans l'exécution d'un changement de front général, que la crainte d'être attaqué sur son flanc par le duc de Brunswick avait commandé à Custine. Saint-Cyr la raconte en ces termes :

« L'arrière-garde, commandée par le colonel Houchard, « eut à se retirer d'Ussingen par des chemins effroyables, « qui, à l'époque du 20 novembre, ne sont presque plus pra- « ticables dans ce pays. Cette arrière-garde marcha toute la « nuit, quatorze ou quinze heures, pour arriver à Homburg, « c'est-à-dire pour faire quelques lieues. Houchard était arrivé « avant elle et ne savait à quoi attribuer ce retard ; il alla à « sa rencontre et la trouva dans un état déplorable, en dis- « persion presque totale, toutes les armes mêlées, et formant « une queue de près de deux lieues. Malgré son impatience « et son empressement, il fallut la journée entière pour la « rallier et la mettre ensemble ; si, dans la matinée, elle eût » été rencontrée par deux escadrons ennemis, je ne sais ce « qui serait arrivé. »

Saint-Cyr ajoute : « On a dit avec grande raison que les « premières impressions que nous recevons sont les plus « durables, et j'attribue à ce que j'ai vu cette nuit et dans la « matinée qui l'a suivie, l'horreur que m'ont toujours inspirée « les marches de nuit quand on ne peut les exécuter sur une « grande route ; en effet, pendant le cours de ma carrière « militaire, je les ai évitées autant qu'il a dépendu de moi, « ayant toujours présentes à l'esprit les impressions que « j'avais reçues. »

On pourrait, avec quelque raison, ce me semble, trouver à redire à une opinion, en matière de science militaire, à laquelle on donne pour fondement les premières impressions, et surtout celles de la jeunesse ; mais je ne m'arrête pas à cela. Saint-Cyr avait environ vingt-huit ans quand il arriva, en novembre 1792, à l'armée de Custine; le bataillon auquel il appartenait avait été, lui-même nous le dit dans ses Mémoires, levé, organisé et armé à Paris en troupe légère, qui n'avait jamais été exercée et qu'on employa néanmoins comme bataillon de chasseurs à l'avant-garde commandée par Houchard. Il en était de ce bataillon comme de toutes les troupes d'alors, qui, selon le témoignage de Saint-Cyr, « n'avaient que l'instruction nécessaire à la parade et dans « les évolutions de paix », et au milieu desquelles l'ordre et la discipline ne pouvaient être établis qu'avec le temps.

La retraite de Houchard fut donc exécutée par des soldats qu'on n'avait point rompus à la fatigue, et qui n'étaient pas encore propres à des retraites en pays ennemi, l'opération que Saint-Cyr reconnaît être « la plus difficile et la plus « dangereuse de la guerre avec des troupes de nouvelle for« mation ». En outre, le mouvement eut lieu sur de très-mauvais chemins, commença avec un peu de précipitation et dura beaucoup trop (quinze heures!); de vieilles troupes n'eussent pas fait sans inconvénient une marche de jour dans de semblables conditions. Non-seulement le mal ne vint pas que de la nuit, mais il fut au contraire, en grande partie, le fait de ce chef imprévoyant qui négligea les précautions commandées par la prudence, et confia le plus difficile de la besogne à des conscrits. Après cela, comment ne pas s'étonner que Gouvion Saint-Cyr, qui a soigneusement relevé toutes les circonstances de la retraite de Houchard, soit parti de là pour s'élever contre les mouvements nocturnes!

Il est vrai que le maréchal ne condamne pas ces mouvements dans tous les cas. Des citations précédentes, il ressort qu'il désapprouve surtout ceux qui ont lieu en dehors d'une grande route; et en effet, sur de petits chemins détournés et difficiles, les colonnes, en s'allongeant démesurément, se désunissent, n'avancent qu'avec peine, et peuvent donner prise plus longtemps et sur un plus grand développement aux attaques de l'ennemi. Dans les marches de nuit comme dans les marches de flanc, les petits chemins sont donc à éviter.

Je prends note de l'importante concession que Saint-Cyr fait sur sa répugnance, et je continue par l'examen du jugement qu'il porte sur la retraite de Dumouriez, en 1792.

Peu importe de savoir si Dumouriez a eu tort ou raison de se placer en face des défilés de l'Argonne, et s'il pouvait éviter ou non de se retirer après que le défilé de la Croix-aux-Bois eut été perdu; ce qui nous intéresse dans la critique de Saint-Cyr, ce sont les reproches qu'il adresse à la marche, en tant que marche de nuit. « Les troupes, dit-il, sont plus fatiguées pour faire deux lieues la nuit dans de mauvais chemins que dix en plein jour. Une bonne division que l'ennemi eût fait partir à la pointe du jour, marchant sans embarras d'équipages et de grosse artillerie, aurait bientôt regagné le peu d'avance que les Français s'étaient donnée; il est probable qu'elle aurait joint l'armée de Dumouriez, au milieu de sa première marche, dans un état de désordre et de confusion inséparable des marches de nuit, et qui ne lui aurait pas permis de faire la moindre défense; heureusement il ne fut suivi que par des hussards. »

C'est chose facile de supposer qu'un corps ennemi partant à la pointe du jour pouvait rejoindre l'armée française; mais l'hypothèse, fût-elle justifiée par certaines circonstances de la marche de Dumouriez, qu'elle n'infirmerait en rien l'avantage qu'on trouve généralement, en marchant de nuit, à pouvoir mettre avant le jour deux ou trois lieues et quelquefois plus entre l'ennemi et soi. Cet avantage prend de la valeur, surtout quand l'armée qui se retire peut assurer son mouvement par une vive attaque qui le masquera, ou par d'autres moyens destinés à tromper l'ennemi. Ainsi fit Napoléon après l'échec de la Rothière. Dumouriez réussit également à abuser l'ennemi sur ses véritables intentions. Quant aux causes du désordre qui faillit compromettre la retraite sur Autry, elles résident dans l'inexpérience des jeunes troupes et dans la crainte de la trahison qui remplissait alors tous les esprits. La nuit n'eut de prise sur le moral des soldats que dans la mesure où Dumouriez, par son sang-froid et par la stricte observation des règles de prudence, réussit à amoindrir l'intensité de ces causes premières. Ne pouvant soustraire complétement à l'influence de la nuit ses soldats novices et impressionnables, il parvint du moins à atténuer grandement les effets pernicieux qu'engendre l'obscurité. Le résultat que Dumouriez réussit à obtenir est celui que l'on doit rechercher en pareil cas.

Mais est-il prudent d'attendre pour cela la dernière heure, et peut-on espérer qu'alors il suffira toujours d'exhortations et d'encouragements pour prévenir le désordre, ou d'une répression énergique pour l'arrêter court s'il commence à se répandre ?

Il est bien évident que non, et que, pour atteindre plus sûrement le but, il convient d'exercer, de discipliner de bonne heure les hommes aux marches de nuit. Ce n'est pas que ces marches soient très-propres à rompre les soldats à la fatigue, on réaliserait mieux cet objet, sans nuire à la santé des troupes, au moyen de marches ordinaires soutenues pendant plusieurs jours, renouvelées de temps en temps et intelligemment graduées. Il s'agirait plutôt de s'appliquer, dans des marches de nuit en nombre modéré, à reproduire aussi exactement que possible quelques-unes des circonstances qui, la nuit, influent le plus sur le moral des hommes et peuvent contribuer à les aguerrir. On ferait encore avec fruit l'application du système de sûreté de nuit, qui préserve le mieux les colonnes en mouvement.

Je ne veux pas laisser dans le vague cette importante question de l'application en temps de paix des marches de nuit, je précise :

Un régiment, par exemple, après un ou deux jours de repos, se mettra en route le soir, un peu avant la nuit tombante, sur un terrain reconnu à l'avance et étudié par tous les officiers. La colonne, dans un ordre de marche régulier, bien adapté aux accidents du terrain, étant censée marcher à proximité de l'ennemi, sera précédée de guides choisis parmi des sous-officiers et escortée de flanqueurs. Les officiers exerceront une surveillance rigoureuse, empêcheront les hommes de s'arrêter et de dormir, et feront observer strictement les distances. L'avant-garde ne marchera pas trop vite. On multipliera les petites haltes. Des feux préparés à l'avance seront allumés sur certains points voisins de la route et serviront de signaux dont les officiers expliqueront aux soldats la signification convenue. Quelques groupes, ainsi que des hommes isolés qu'on aura eu le soin de faire embusquer de jour, arriveront à l'improviste sur le bord de la route et déchargeront leurs armes sur la colonne, qui prendra les dispositifs d'attaque ou ceux de défense, dispositifs mis à la connaissance de tous (1). On enverra des patrouilleurs et on fera des signaux pour les rappeler. Des sous-officiers placés aux embranchements des chemins empêcheront qu'on ne s'égare; ils se replieront avec l'arrière-garde. Le matin venu, on fera l'appel là où l'on se trouvera, et les absents seront sévèrement punis. Il n'y a rien dans tout cela qui ne soit d'une facile application pratique. Tout au plus pourrait-on, semble-t-il, alléguer contre ces exercices les considérations de propriété et de culture.

Il ne serait pas moins essentiel pour les chefs d'avoir quelques principes dirigeants qui, sans gêner l'initiative, pussent servir à éclairer les différents cas de marches de nuit. Dans l'ordonnance de 1832, le titre XII intitulé : *des Marches*, ne parle de celles de nuit que pour dicter les prescriptions sui-

(1) Dans la campagne de 1866 (au commencement de juillet), le prince de Taxis, commandant la réserve de cavalerie bavaroise, se portait sur Hunsfeld sans précautions. Les cuirassiers, en tête de colonne, ayant donné brusquement contre l'avant-garde de la division Beyer, prirent la fuite. La retraite s'ensuivit ; elle eut lieu de Fulda sur Bischoffsheim, et continua de nuit à travers les défilés boisés de la Wasser-Kuppe. Elle s'opérait déjà dans de mauvaises conditions, quand des détonations d'armes à feu, qui se firent entendre dans le voisinage de la colonne, vinrent jeter l'alarme et augmenter encore le désordre ; ce fut bientôt une affreuse déroute. On apprit plus tard que les coups de fusil avaient été tirés par des braconniers qui profitaient de l'absence des gardes forestiers.

vantes : « La route sera jalonnée, comme dans les mauvais « pas, de fourriers ou de caporaux intelligents qu'on relè- « vera successivement de bataillon en bataillon ; un tambour « restera à la queue de chaque bataillon pour rappeler si « l'obscurité ou la difficulté des chemins arrête la marche. » C'est vraiment trop peu de chose, et ne vous paraît-il pas qu'on ait pris au hasard ces deux prescriptions de détail entre un grand nombre d'autres plus importantes, moins en vue de réglementer les marches de nuit que de compléter les articles 129 et 130 intitulés : l'un, *Sapeurs en tête des colonnes, jalonnages ;* l'autre, *Police dans les marches ?* Encore doit-on observer qu'à proximité de l'ennemi, l'emploi du tambour peut ne pas être sans danger.

J'essayerai donc de présenter en quelques mots les principaux préceptes tactiques applicables aux marches de nuit : Explorer le pays où l'on marchera ; connaître exactement la position de l'ennemi ; observer le plus longtemps possible le secret quant au but de l'expédition ; calculer avec précision la durée de la marche, qui ne doit pas excéder la mesure des forces présumées ; ne jamais changer l'heure du départ une fois fixée ; faire connaître à tous les dispositions à prendre en cas d'attaque et de défense ; prévenir les soldats contre les vaines terreurs ; d'après la nature du terrain et la proximité de l'ennemi, adopter un ordre de marche régulier et le faire suivre rigoureusement ; prévoir les cas où les colonnes peuvent s'égarer et indiquer les moyens de rétablir l'ordre ; préparer des signaux ; enfin convenir d'un point de ralliement. Pour tout dire, en un mot, ne rien donner à la précipitation, ne rien laisser au hasard.

Je résume brièvement ce que je viens de dire des marches de nuit.

J'ai montré qu'il y en avait de désespérées, d'inévitables, mais qu'il était rare qu'une armée se trouvât ainsi complétement à la discrétion de l'ennemi ; puis j'ai fait ressortir par des exemples les cas plus nombreux de marches utiles. J'ai reconnu à ces dernières deux avantages principaux : la vitesse et le secret entendus d'une certaine manière, et qui expliquent la préférence donnée aux marches de nuit sur celles de jour. Pour examiner leurs inconvénients, j'ai pris pour texte deux marches nocturnes rapportées et commentées par le maréchal Gouvion Saint-Cyr. Parmi ces inconvénients, j'ai tenu à distinguer ceux qui appartiennent en propre aux marches de nuit, et ceux qui proviennent du défaut d'exercice chez les hommes et de l'absence ou de l'inapplication des principes relatifs à l'exécution de ces marches. Cette distinction m'a conduit à cette conclusion, qu'on peut atténuer grandement les périls des marches nocturnes en préparant les hommes à ces marches et en établissant des principes régulateurs qui, d'ailleurs, ne se trouvent nulle part en corps de doctrine.

J'ajouterai, pour en finir avec les marches de nuit, que les plus grands effets à en tirer sont dans leur combinaison judicieuse avec les marches de jour. L'heureuse et rapide issue de la campagne d'Italie en 1797 peut être attribuée aux mouvements combinés de la division Masséna du 13 au 16 janvier.

Lorsque, vers 1840 et 1841, le général Lamoricière donna, comme point de départ aux razzias, des marches de jour et de nuit, n'a-t-on pas vu, à cette époque, la guerre d'Afrique se relever d'une sorte de langueur ?

Au début d'une campagne, quels avantages ne retirerait-on pas de marches ordinaires ou forcées de jour, suivies de marches de nuit bien calculées et rapidement conduites sur les flancs ou sur les derrières de l'ennemi ? Qu'importe, après tout, si ces marches laissent en arrière des traînards et des éclopés ; les pertes en hommes et en matériel seront largement compensées par les résultats qu'on obtiendra. Je dirai de ces marches combinées, ce que le général Rogniat disait des marches forcées en général. « Dans certaines occasions, « l'essentiel n'est pas que tout le monde arrive, mais bien la « majeure partie,.... les officiers se récrieront sans doute, « mais qu'on ne s'en inquiète pas, on se plaindra, on criera « et on finira par arriver.... Nous avons en général moins « de volonté que de force (1). »

Rappelez-vous aussi, messieurs, les mouvements de jour et de nuit par lesquels Napoléon, au commencement de l'admirable campagne de 1809, réussit à concentrer entre le Danube et la Laber les différents corps de son armée ; ils amenèrent les brillantes affaires de Thann, d'Arnhofen et de Pfaffenhofen, préludes d'autres victoires, et témoignent d'une manière éclatante de la supériorité que donnent sur un adversaire des marches de nuit tenues secrètes et exécutées avec célérité. De nos jours, les chemins de fer favoriseront sans doute, à un haut degré, la rapidité des opérations, mais en aura-t-on partout à sa disposition ? peut-on sérieusement compter qu'en s'avançant au cœur d'un pays hostile, on sera tou-

(1) Général Rogniat, *Considérations sur l'art de la guerre.*

jours en mesure de faire transporter, par les voies ferrées, les différentes colonnes d'une position sur une autre ? On sait combien ces voies sont fragiles et quel puissant intérêt aura l'adversaire à les détruire partout où on pourrait s'en servir. Aussi la maxime du maréchal de Saxe me semble-t-elle toujours vraie : « Les succès de la guerre sont dans les « jambes de nos soldats. » Après les grandes concentrations stratégiques opérées loin de l'ennemi ou sur les confins du théâtre des opérations, il faudra marcher, et c'est alors que les mouvements de nuit seront souvent capables d'apporter à ceux de jour l'appoint décisif qui enlèvera le succès.

(Extrait de la *Revue militaire française*, numéro d'avril 1870.)

Paris. — Typographie A. Hennuyer, rue du Boulevard, 7.

CONFÉRENCES DU MINISTÈRE DE LA GUERRE.

DES OPÉRATIONS DE NUIT
EN CAMPAGNE

Par M. JULES BOURELLY
Capitaine d'état-major au dépôt de la guerre.

MESSIEURS,

Il me reste à vous parler des *passages de rivière et des surprises de nuit*. Je dirai aussi quelques mots de l'*éclairage artificiel en campagne*.

Passages de rivière de nuit.

Les cours d'eau forment un des obstacles naturels les plus sérieux qui puissent arrêter la marche des armées ; il est de règle, pour leur passage de vive force, que les travaux préparatoires s'exécutent de nuit; au point du jour, les troupes qui doivent s'engager les premières avec l'ennemi franchissent la rivière soit dans des bateaux, soit à la nage. Dès qu'elles sont maîtresses du rivage, commence l'établissement des ponts destinés au passage de l'armée. C'est ainsi que s'opéra, en 1799, le passage de la Limmat par Masséna. Mais la précision et la rapidité qu'on peut obtenir aujourd'hui dans le tir dirigé sur les bateaux de débarquement ont notablement accru les difficultés et les périls des passages de vive force en plein jour. Il me paraît donc qu'on devra, à l'avenir, chercher plus soigneusement les points favorables aux débarquements de nuit et tous les moyens qui, en rendant cette opération facile et rapide, seront propres à détourner l'attention des postes avancés ou des détachements de l'ennemi.

Le passage du Rhin par Moreau à Kehl, le 24 juin 1796, offre à peu près les circonstances d'une surprise nocturne de ce genre. Le 20 juin, Moreau, pour donner le change aux Autrichiens, fit exécuter ce que Jomini appelle une *démonstration stratégique* : il dirigea une forte reconnaissance sur le camp retranché de la tête de pont de Mannheim. En même temps les moyens de passage étaient préparés en secret à Strasbourg. Le rassemblement des troupes eut lieu au polygone dans la soirée du 23 juin ; l'embarquement de celles qui composaient le premier convoi commença entre minuit et une heure, au moment où l'on faisait quatre fausses attaques en amont et en aval de Kehl. Vers une heure et demi, les bateaux remontèrent la rive gauche et traversèrent le fleuve. Les Français ayant mis pied à terre emportèrent à la baïonnette les postes autrichiens d'un corps de 6000 hommes campé à deux lieues de là, entre Kork et Willstett, et ne tardèrent pas à être renforcés. Dès six heures du matin, un pont volant était établi dans un des bras du Rhin. Kehl pris, on jeta aussitôt un pont de bateaux qui servit au passage du gros des troupes.

Je ne m'étendrai pas davantage sur les passages de rivière.

Je vais aborder immédiatement la question capitale des *surprises de nuit.*

Surprises de nuit.

La surprise, dans le sens le plus étendu de ce terme, n'est autre chose qu'une forme de l'offensive. J'oserais presque dire qu'elle est l'offensive elle-même à son plus haut degré de puissance.

L'action de surprendre est donc l'application la plus avantageuse que l'on puisse faire de la supériorité bien reconnue de l'offensive sur la défensive.

« Plus une attaque ressemble à une surprise, dit le général « Clausewitz, plus on peut compter sur un heureux ré- « sultat (1). »

Le maréchal Marmont a écrit dans le même sens :

« Quand on surprend l'ennemi, c'est une bonne fortune « dont il faut savoir profiter, car rien ne promet davantage « un succès prompt et facile.

« Des troupes qui sont dans l'ordre de formation exigé « par la circonstance, des troupes qui savent qu'elles vont « combattre, qui sont animées par le sentiment de leurs « forces, par la confiance, de pareilles troupes attaquant un « ennemi surpris, nullement préparé à leur résister, ont sur « lui de tels avantages qu'elles ont droit de compter sur la « victoire.

« De très-bonnes troupes, animées d'un esprit excellent, « commandées par un général habile et prompt dans ses ré-

(1) Instruction donnée au prince royal de Prusse, en 1812, sur *l'Art de la guerre*, par le général de Clausewitz.

« solutions, peuvent seules quelquefois échapper, en pareille « circonstance, à une catastrophe (1). »

Dira-t-on de ces opérations qu'elles ne sont plus de notre temps, qu'elles ne sont aucunement en rapport avec la tactique moderne? Je pense tout le contraire. Comment, à une époque où l'on sent si impérieusement la nécessité de se soustraire aux effets chaque jour plus redoutables du tir perfectionné, comment voudrait-on renoncer aux moyens qui se présentent d'atteindre ce but? Mettons au premier rang, parmi ces moyens, la surprise qui procède à la fois par vitesse et par ruse. Il n'y a, permettez-moi l'expression, de passés de mode, il n'y a d'indignes de notre système de guerre actuel que ces stratagèmes des anciens âges, bornés nécessairement comme les instruments de destruction d'alors, et dont la complication égalait la subtilité. Encore, parmi les ruses de nos pères, pourrait-on en trouver quelques-unes simples et ingénieuses qui seraient bonnes à appliquer de nos jours.

Ce qu'il est vrai de dire, c'est qu'à mesure que l'art progresse, les circonstances où peuvent s'effectuer les surprises deviennent de plus en plus rares; en même temps l'exécution de ces opérations est de plus en plus délicate, difficile, périlleuse (2). Mais il y a une sorte de compensation, puisqu'en raison même du nombre toujours croissant et du degré

(1) Le maréchal Marmont, *De l'esprit des institutions militaires.*

(2) Cependant il est bon de remarquer avec Rüstow que les surprises partielles sont favorisées chaque jour davantage par le morcellement croissant de la propriété, qui, en augmentant le nombre des habitations et des vergers ou jardins avec clôtures, restreint celui des espaces facilement praticables en dehors des voies de communication.

de résistance toujours plus élevé des obstacles, on obtient des effets de plus en plus puissants et décisifs.

Les surprises sont plus difficiles de jour que de nuit. « Elles devraient être, dit Marmont, impossibles à exécuter « de jour, et il en serait toujours ainsi, si chaque chef et « chaque soldat faisaient constamment leur métier avec « exactitude et intelligence (1). »

Les surprises de nuit dirigées contre des troupes en marche se préparent ordinairement au moyen d'embuscades tendues de jour ou de nuit. On y prélude plus rarement par des marches. Pour surprendre des troupes au repos, on se sert de marches de jour et de nuit tenues secrètes.

Avant d'aller plus loin, je crois, messieurs, devoir vous prévenir qu'en fait de surprises de nuit, j'ai surtout en vue dans cette conférence celles qui sont précédées de marches; je suis loin de contester les avantages qu'on est à même de tirer des embuscades; mais, faute de pouvoir embrasser dans cette rapide étude toutes les parties de mon vaste sujet, je n'aborde ici que les plus importantes.

La surprise proprement dite repose sur l'ignorance, chez les troupes qui doivent être attaquées, de l'intention où l'on est de les assaillir à l'improviste, et, à plus forte raison, des préparatifs de l'ennemi, de l'heure qu'il a choisie, des points sur lesquels porteront ses efforts et enfin des forces qu'il mettra en jeu. Je ferai remarquer immédiatement qu'une affaire de nuit ne s'engage pas toujours dans ces conditions; la plupart du temps, les actions nocturnes n'ont pour point de départ qu'une brusque attaque; mais alors même il y a

(1) Le maréchal Marmont, *De l'esprit des institutions militaires.*

encore surprise, dans ce sens que celui qui se défend ne peut pénétrer que très-difficilement, au milieu de l'obscurité, les dispositions de l'assaillant.

Envisagée d'une manière générale par rapport à son but, une surprise de nuit peut être soit une simple alarme, c'est-à-dire une attaque feinte, soit une véritable attaque.

L'objet de l'alarme est de fatiguer, d'inquiéter, de démoraliser l'adversaire. Une alarme de nuit donnée à propos est parfois précieuse. Répétées trop fréquemment, ces sortes de feintes pourraient cependant provoquer de la part de l'ennemi un redoublement de vigilance gênant pour une attaque réelle.

Dans l'attaque de nuit par surprise, on se propose quelquefois uniquement de blesser et de tuer des hommes, d'enlever du matériel et de faire des prisonniers : telle est la fin à laquelle on vise généralement dans les surprises de nuit d'avant-postes et dans celles qu'exécutent des partis détachés. On recherche aussi quelquefois dans les surprises de nuit un but tactique dont le combat n'est que le moyen. Ce sont là les surprises sur lesquelles j'appellerai plus particulièrement votre attention; quand on juge après coup les événements d'une guerre, on voit qu'elles tiennent une place importante et parfaitement justifiée à titre d'opérations avantageuses ou nécessaires dans l'ensemble des combinaisons tactiques du chef d'une armée.

Quel que soit le but d'une surprise de nuit, il est prudent de ne la tenter qu'autant qu'elle semble pouvoir être exécutée dans des circonstances favorables.

Quelles sont donc ces circonstances favorables ?

Une des plus importantes est, sans contredit, la proximité de l'ennemi que l'on veut assaillir. Il est certain que bon nombre de surprises de nuit ont échoué par suite du trop grand éloignement de l'ennemi contre lequel on les dirigeait. La raison en est que, généralement, on attaque de nuit sur plusieurs colonnes; or, s'il fallait, avant d'attaquer, comme le fait observer Marmont, parcourir une grande distance, il y aurait beaucoup de chances pour que les différentes colonnes, au moment d'agir, n'eussent aucune harmonie entre elles. C'est ce qui arriva aux Prussiens, en janvier 1793, quand ils voulurent surprendre de nuit le général Houchard, dont 6 bataillons étaient placés au village de Kostheim et 6 autres dans celui de Hochheim, sur les bords du Mein. Une de leurs colonnes s'égara pendant une marche de nuit prolongée et ne put concourir à l'action. Houchard ne dut son salut qu'au manque d'ensemble des Prussiens.

Marmont dit encore : « Si des troupes battues et en re« traite prennent inconsidérément, le soir, et sans être « couvertes par des obstacles matériels, une position trop « rapprochée de l'ennemi qui les suit, on est dans des cir« constances naturelles très-favorables; alors une attaque de « nuit faite avec peu de troupes, mais conduite avec vigueur « et intelligence, sera très à propos. » Le maréchal rapporte ensuite en ces termes l'heureuse application qu'il fit lui-même de ce principe, le soir de la bataille de Vauchamps : « Le 14 février 1814, après l'échauffourée du matin à Vau« champs, qui coûta à l'armée prussienne 4 000 prisonniers, « l'ennemi se mit en retraite ; mon corps le poursuivit avec « ardeur et je parvins à faire envelopper son arrière-garde,

« composée d'une division russe, par ma cavalerie, aug« mentée d'une réserve de cette arme que Napoléon avait « mise à ma disposition. Cette infanterie russe résista brave« ment aux charges qui furent dirigées sur elle et continua « sa marche.

« Arrivée à Etoges et la nuit venue, couverte par les bois « qu'elle avait traversés, elle s'arrêta et se disposa à s'y « établir. J'avais reçu ordre de Napoléon de m'arrêter à « Champ-Aubert et d'y prendre position, mais je connaissais « parfaitement les lieux, les ayant quittés seulement la veille ; « sachant que la position d'Etoges était aussi mauvaise pour « l'ennemi qu'elle nous était favorable, prévoyant que, dès le « lendemain, je serais chargé de couvrir le mouvement que « l'empereur ferait pour se rapprocher des corps qui ma« nœuvraient dans le bassin de la Seine, je pensai qu'il fallait « se hâter de tenter un coup de main sur cette troupe et ne « pas attendre qu'elle eût évacué Etoges pour l'y remplacer. « Je réunis 800 hommes d'infanterie ; je les formai en co« lonnes sur la grande route, plaçant seulement 50 hommes « à droite et à gauche dans les bois à cent pas pour les flan« quer, et marchant avec elle, je mis cette troupe en mou« vement dans le plus grand silence, avec défense de tirer « un seul coup de fusil, mais avec ordre de se précipiter sur « l'ennemi aussitôt qu'il serait en présence. Il y a trois « quarts de lieue de Champ-Aubert à Etoges ; en une demi« heure nous eûmes atteint les avant-postes ennemis. Les « troupes russes, occupées de leur établissement de nuit, « étaient dispersées et n'avaient sous les armes que les « grand'gardes et les postes d'observation. Une charge à la

« baïonnette mit tout en fuite; nous nous précipitâmes sur « le village, et en un moment, après avoir reçu à peine cinq « cents coups de fusil, toute l'infanterie et l'artillerie, for« mant près de 4 000 hommes, étaient en notre pouvoir, ainsi « que le prince Ouroussow, qui les commandait (1). »

Pour le maréchal Marmont, la proximité de l'ennemi est plus qu'une circonstance favorable, c'est une condition indispensable de succès dans toutes les occasions qui peuvent se présenter. On peut objecter à cela que certaines surprises de nuit, précédées de longues marches, ont pleinement réussi; il arrive même que, dans ce cas, l'attaque nocturne est d'autant plus désastreuse pour l'ennemi qu'il se croit mieux hors d'atteinte. L'histoire militaire ne manque pas de preuves saisissantes qu'on peut faire heureusement exception à la règle un peu trop absolue posée par Marmont.

Dans toutes les opérations de la guerre, on est en droit de fonder sur la situation morale de l'ennemi une bonne partie des chances que l'on a pour ou contre soi. Principalement dans les surprises de nuit, on peut compter parmi les circonstances propices à l'assaillant l'état de démoralisation de l'adversaire, quelles que soient d'ailleurs les causes qui aient amené cet état.

On opère encore une surprise dans des conditions avantageuses (relativement avantageuses) contre des corps de nouvelle formation ou contre des troupes médiocres et d'une faible discipline. C'est au sujet de telles troupes que le maréchal Marmont fait les réflexions suivantes :

« Si au milieu de l'incertitude d'une véritable attaque

(1) Le maréchal Marmont, *De l'esprit des institutions militaires.*

« elles se mettent en mouvement, la confusion naîtra bientôt « chez elles, quelquefois il arrivera même que, les différentes « colonnes se méconnaissant, un combat s'engagera entre « elles, tout au profit de l'assaillant, qui en sera seulement le « spectateur; celui qui attaque n'employant au contraire « qu'une partie de ses troupes, après les avoir munies « d'instructions précises qui déterminent la sphère dans « laquelle elles doivent opérer et leur avoir fait connaître « l'emplacement et la direction des autres colonnes, risque « beaucoup moins de tomber dans des erreurs funestes. On « a vu plus d'une fois les colonnes d'une même armée, « opérant la nuit, se prendre respectivement pour l'en- « nemi et se faire ainsi beaucoup de mal. Si le simple hasard « peut produire de semblables accidents, on conçoit qu'il « est possible de contribuer à les faire naître, et alors les « accidents sont beaucoup plus graves, parce que la pré- « sence de l'ennemi est réelle et que son action peut s'y « mêler d'une manière directe (1). »

Parmi les circonstances qui favorisent les surprises de nuit, on doit aussi tenir compte de l'emploi par l'ennemi d'un système de sûreté défectueux. J'ai déjà insisté avec force sur ce point, que notre réseau de postes avancés et de grand'-gardes remplissait mal, pendant la nuit, le but que tout système d'avant-postes doit alors se proposer, à savoir de préserver le corps principal contre les surprises; je n'y reviendrai pas. Je ferai seulement observer que les Prussiens et les Allemands en général se gardent assez bien, mieux que nous, contre les dangers des attaques nocturnes impré-

(1) Le maréchal Marmont, *De l'esprit des institutions militaires.*

vues, au moyen de petites et nombreuses patrouilles qui battent sans cesse le terrain à une très-grande distance en avant de leurs armées, et s'appliquent à conserver autant que possible le contact avec les avant-postes des troupes opposées. Ces patrouilles sont à peu près l'équivalent des postes d'observation poussés au loin dont j'ai recommandé l'usage en m'autorisant de l'opinion du maréchal Bugeaud.

La négligence apportée quelquefois dans le service de sûreté par ceux qui dirigent les armées, négligence contagieuse pour les soldats, fait naître pour l'ennemi une des occasions les plus précieuses de tenter des surprises de nuit. Blücher, en 1814, ne manqua pas de saisir une occasion de ce genre qui s'offrit à lui après la bataille de Craonne par la faute du maréchal Marmont. Le général prussien eut d'ailleurs la bonne fortune d'être aidé aussi pour ce coup de main par deux des circonstances dont j'ai précédemment reconnu les avantages : l'expérience des troupes opposées et le rapprochement du corps contre lequel devait être dirigée la surprise ; en effet, sur 12 000 à 13 000 hommes, Marmont comptait 4 000 conscrits incorporés depuis vingt jours à peine. C'est avec ces troupes, qui avaient enlevé dans la matinée du 9 mars le village d'Athies, qu'il vint prendre position, vers le soir, sur les hauteurs de Festieux, conquises pendant le jour, et dans le voisinage de Blücher, au lieu de se retirer hors de sa portée. « Ce qui était moins excusable en demeu-« rant au milieu des flots d'ennemis, dit M. Thiers, c'était « de ne pas multiplier les précautions pour se garantir d'une « surprise de nuit; avec une légèreté qui ôtait à ses qualités « une partie de leur prix, Marmont s'en remit à ses lieute-

« nants du soin de sa sûreté. Ceux-ci laissèrent leurs jeunes « soldats fatigués se répandre dans les fermes environnantes « et ne songèrent pas même à protéger la batterie de « 40 pièces de canon qui avait canonné Athies avec tant de « succès... Tout le monde, chefs et officiers, se fia à la nuit, « dont on aurait dû au contraire se défier profondément. » En ce moment, Blücher, attentif à ce qui se passait dans le camp français, en ordonnait l'attaque à sa cavalerie en masse. « Vers minuit, tandis que les soldats de Marmont s'y « attendaient le moins, une nuée de cavaliers se précipitent « sur eux en poussant des cris épouvantables. De vieux sol- « dats, habitués aux accidents de guerre, auraient été moins « surpris et plus tôt réunis à leur poste. Mais une panique « soudaine se répand dans les rangs de cette jeune infanterie, « qui s'échappe à toutes jambes. L'ennemi lui-même, au sein « de l'obscurité, se mêle avec nous et fait partie de cette « cohue, pendant que son artillerie attelée, galopant sur nos « flancs, tire à mitraille au risque d'atteindre les siens « comme les nôtres. On marche ainsi au milieu d'un désordre « indicible, sans savoir que devenir, et Marmont, emporté « par la foule, s'en va du même pas qu'elle. Heureusement « le 6e corps, qui faisait la force des troupes de Marmont, « retrouve un peu de sang-froid et s'arrête à ces hauteurs « de Festieux où il aurait été si facile de se procurer pour la « nuit une position sûre. L'ennemi, n'osant pas s'engager « plus loin, suspend sa poursuite, et nos soldats, délivrés de « sa présence, finissent par se rallier et par se remettre en « ordre. » Ce déplorable événement ne coûta que peu d'hommes et seulement quelques pièces de canon, mais, dit encore M. Thiers, « il laissa Napoléon seul en présence de « toute l'armée de Blücher dans la plaine de Laon...; l'em- « pereur s'emporta contre le maréchal Marmont, mais s'em- « porter ne réparait rien (1).

Telles sont, messieurs, les principales circonstances favorables aux surprises de nuit; vous avez remarqué qu'elles étaient tirées de l'état moral de l'adversaire, de sa manière de se garder et des rapports de distance qui existent entre le défenseur et l'assaillant.

C'est quelque chose assurément de connaître les côtés faibles de l'ennemi, mais ce n'est pas assez, et il est encore bon de savoir à quoi peuvent servir les surprises de nuit. Dans l'impossibilité où l'on est d'indiquer tous les cas où il a paru avantageux de les employer, il faut nécessairement se borner à mentionner quelques-uns de ceux qui se sont présentés le plus fréquemment. Les faits accomplis montrent qu'on a eu recours à ces opérations, par exemple :

1° *A la suite d'un engagement de jour où l'on a eu l'avantage, dans le but de précipiter la retraite de l'ennemi.* A l'affaire de nuit d'Etoges, dont je viens de donner les détails, la division russe d'arrière-garde s'enfuit dans l'épouvante et le désordre d'Etoges sur Bergères et Vertus; Marmont dit dans ses *Mémoires*, au sujet de son habile coup de main : « Des « tentatives semblables après un premier succès devraient « être faites plus souvent à la guerre, elles réussiraient pres- « que toujours (2);

2° *A l'issue d'un combat de jour quand l'ennemi reste encore*

(1) Thiers, *Histoire du Consulat et de l'Empire.*
(2) *Mémoires du duc de Raguse* de 1792 à 1832.

maître d'une partie du terrain, pour tenter, dans un suprême effort, de lui enlever un point capital. Je trouve un exemple saisissant de ce cas dans l'attaque de nuit de Gitschin par les Prussiens en 1866;

3° *Après une défaite ou après un engagement de jour qui n'est pas décisif, pour couvrir une retraite compromise ou mal assurée.* En 1807, Benningsen, battu à Eylau, prévint la poursuite des Français en se jetant impétueusement de nuit sur les troupes de Ney, qui occupaient le village de Schmoditten. En 1814, le soir du combat de la Rothière, Napoléon, avant de se retirer, voulut en imposer à l'ennemi, et fit exécuter par 2 divisions de la jeune garde une vive attaque de nuit sur la Rothière et la Giberie;

4° *Pour ressaisir une position importante perdue dans une action de jour.* En 1814, après le combat de Brienne, Blücher, repoussé de la ville et du château, fit à la tête de son infanterie, et avec une véritable furie, un retour offensif de nuit pour essayer de regagner le terrain perdu; c'est un peu plus de deux mois après cette affaire que Blücher, dans la surprise de nuit dont j'ai déjà relaté les circonstances, reprit sur Marmont le village d'Athies.

Les surprises de nuit ne s'emploient pas seulement en vue d'opérations jugées avantageuses, comme cela à lieu dans les cas précédents; elles sont aussi quelquefois le moyen d'une opération reconnue nécessaire. Le cas particulier où une attaque nocturne s'impose comme une nécessité est celui où une troupe enveloppée, ou gravement menacée de l'être par un ennemi supérieur en nombre, ne peut recourir à un combat en plein jour qui amènerait sa destruction complète. En voici un exemple tiré de la guerre de la Porte avec la Russie en 1828 : le général russe Geismar, avec 5 000 hommes, était enveloppé dans son camp d'Esera (1) par plus de 20 000 hommes sous le commandement du pacha Achmed ; en désespéré, il tenta une surprise de nuit sur le camp des Turcs confiants et endormis ; ce coup d'audace sauva sa petite armée et amena la déroute de celle de l'ennemi.

Enfin une surprise de nuit peut être la conséquence de la rencontre fortuite de troupes opposées ; dans ce cas, elle est en quelque sorte réciproque (ce n'est pas à dire pour cela qu'elle soit égale de part et d'autre). Une action de ce genre eut lieu à la Trebbia en 1799 : un détachement de l'armée de Macdonald alla se heurter aux positions de Suwarow ; il en résulta une sanglante mêlée. Quelque chose de semblable arriva, en 1862, pendant la campagne du Mexique. Le capitaine Detrie, ayant eu ordre d'aller prendre position au milieu de la nuit, avec sa compagnie, sur le cerro Borrego, fut arrêté inopinément en chemin par les feux des Mexicains, qui l'avaient devancé sur ces hauteurs et pouvaient s'y croire d'autant mieux à l'abri de l'attaque d'une poignée d'hommes, qu'ils étaient en force et que l'escalade au milieu de l'obscurité paraissait tout à fait improbable.

Les quelques exemples que je viens de citer suffiront, je l'espère, à donner une idée exacte de l'emploi qu'on peut faire des surprises de nuit. J'appelle maintenant votre attention sur les effets qu'on peut obtenir avec ces opérations, quand elles réussissent.

Au dire de Marmont, la surprise d'Etoges coûta à Blücher

(1) Village voisin de la place forte de Widdin.

4 000 hommes et une nombreuse artillerie : ce fut le coup de grâce donné à l'armée de Silésie, qui permit à Napoléon de se tourner contre Schwartzemberg. A Athies, où Blücher prit sa revanche sur Marmont, il nous fit plus d'un millier de prisonniers; les pertes matérielles furent très-sensibles; toutefois l'empereur se serait consolé de ces résultats, quelque désastreux qu'ils fussent, si la diversion qu'il avait ordonnée à Marmont devant Laon eût encore été possible; mais toutes les combinaisons que son génie aux abois avait conçues pour s'emparer de cette place, le terrible accident arrivé à son lieutenant les avait à jamais anéanties. A la suite du combat de la Rothière, Napoléon n'avait pour se retirer que les routes de Troyes par Lesmont, et de Vitry par Rosnay; sa retraite pouvait être facilement coupée; l'attaque de nuit de la Rothière et la Giberie, hardiment exécutée par des forces beaucoup inférieures à celles des Prussiens, le tira de cette périlleuse situation. La réussite de l'audacieuse entreprise de Geismar contre le pacha Achmed démoralisa l'armée turque et inaugura pour les Russes, jusque-là très-éprouvés, une série d'autres brillants succès. A l'affaire du cerro Borrego, 250 Mexicains furent tués ou blessés; on fit 200 prisonniers; 3 obusiers de montagne, 1 drapeau et 3 fanions de bataille restèrent entre les mains de 140 soldats du 99e de ligne; toute la division Ortega fut mise en fuite; enfin, sans ce fait d'armes, nous n'aurions pu sans doute conserver l'importante position d'Orizaba (1).

Vous avez certainement été frappés des résultats considé-

(1) Ces données sont tirées de l'historique manuscrit de l'expédition du Mexique, rédigé au dépôt de la guerre d'après les documents officiels.

rables qu'amena, dans la guerre de 1866, la surprise nocturne de Gitschin; la relation officielle de l'état-major prussien les présente en ces termes : « Le fait seul de l'entrée « des Prussiens à Gitschin après minuit avait pour l'ennemi « des suites désastreuses; le quartier général, surpris au « moment où il expédiait ses ordres, n'avait pu achever de « les distribuer, et il en résulta qu'une partie de ces ordres « n'arrivèrent pas aux troupes et que d'autres leur arrivèrent « avec de grands retards. Un grand nombre de chefs de « corps se trouvèrent abandonnés à leur propre inspiration « pour la direction à donner à leur retraite; aussi ne fut-il « plus possible aux troupes qui se trouvaient au sud-ouest « de Gitschin de gagner la route de Miletin. Elles suivirent « la route de Horic par Milicowes. Le 1er corps d'armée ne « put arriver à se réorganiser que le 2 juillet, en avant de « Kœniggrætz. » Un écrivain militaire allemand, qui a réuni dans un opuscule non signé (1) quelques judicieuses observations sur la campagne de 1866, résume ainsi son opinion sur la même affaire : « L'attaque nocturne de Gitschin est un « trait de génie. Une armée en retraite est toujours dans un « grave état de faiblesse et de relâchement. »

Il me semble que les exemples précédents témoignent assez du nombre et de la puissance des effets auxquels on est à même d'atteindre dans les surprises de nuit, pour qu'il soit superflu de recourir à d'autres. Grâce au rôle prédominant que joue dans ces opérations l'effet moral, elles peuvent amener des conséquences souvent aussi décisives que des

(1) *Der Krieg im Jahr* 1866. Leipzig.

batailles rangées livrées en plein soleil et qui durent une grande journée.

Au point où je suis arrivé, il faudrait pouvoir préciser le rapport qui existe entre le résultat d'une surprise et les circonstances qui déterminent ce résultat. Malheureusement, il entre dans ce rapport avec des éléments connus, facilement appréciables, des données impossibles à prévoir, soit favorables, soit nuisibles au succès définitif. C'est dans ce sens qu'on prétend que la théorie n'a pas grand'chose à démêler avec les surprises, et que Napoléon disait, sous une forme exagérée il est vrai, mais permise à son génie, et dont il revêtait parfois ses opinions : « La réussite d'un coup de « main dépend absolument du bonheur, d'un chien ou d'une « oie. »

Si grande que l'on fasse la part dans les surprises de nuit aux effets du hasard, aux inspirations de l'audace et aux éclairs du génie, on sent néanmoins le besoin d'avoir, pour se guider dans leur exécution, un ensemble de dispositions générales et de mesures de prudence ; la plupart de celles qu'indiquent les théoriciens ne régissent qu'un certain nombre de cas et ne répondent même pas toujours à toutes les exigences d'un cas prévu ; en outre, elles se rapportent principalement à l'ordre de marche et aux autres circonstances qui peuvent se produire avant l'engagement avec l'ennemi. Quant à l'action elle-même, quant au mode d'attaque par surprise, ils ne sont l'objet que de courtes et vagues prescriptions, si bien qu'il semble que ce point capital de l'opération puisse ou doive être abandonné à l'initiative particulière de ceux qui dirigent la tentative.

Il est cependant un principe fort simple, indiscutable, d'où l'on peut faire découler une règle tactique sûre pour la manière d'attaquer la nuit.

Ce principe est : *La nuit le feu est sans efficacité.* J'en déduis la règle suivante : *Pour combattre de nuit, on ne doit se servir que de l'arme blanche.*

Le principe de l'inefficacité du feu dans l'obscurité n'est posé nulle part dans l'ordonnance française de 1832 sur le service en campagne. Il aurait pu trouver place dans le titre VIII, qui traite des grand'gardes ; ou à l'article 109 du titre X, intitulé *Rencontre de l'ennemi ;* ou encore au titre XI, qui concerne les partisans et les flanqueurs ; ou enfin dans l'*Instruction sommaire sur les combats.* Cette instruction se borne à constater que la nuit convient mieux que le jour pour porter des troupes sur le flanc ou sur les derrières de l'ennemi ; elle ne dit mot des combats de nuit. On rencontre le principe, avec la règle qui s'ensuit, dans l'ordonnance prussienne sur les grandes manœuvres. Il est écrit au chapitre des grand'gardes : « Pendant la nuit, dans tous les cas, « l'officier commandant la grand'garde aura toutes ses forces « sous la main ; il sera prêt à tirer pour donner l'alarme et « à combattre ensuite à la baïonnette ; les feux ne servent à « rien dans l'obscurité (1). » Si l'on veut se rendre compte de la vérité de ce principe, il y a lieu d'examiner ce qui se passe généralement dans une attaque de nuit où l'on emploie les feux.

Aux premiers coups de fusil tirés par les assaillants, l'éveil

(1) Ordonnance royale du 29 juin 1861 sur les grandes manœuvres de l'armée prussienne.

est donné à toute l'armée objet de la surprise. Cependant les troupes qui ont mission aux avant-postes et dans le bivouac même de garantir le corps principal contre les coups de main opposent une certaine résistance; mais, comme de part et d'autre on ne peut viser, les balles sont envoyées dans le vide et les coups sont perdus ; alors on se paye réciproquement de bruit; bientôt le désordre provoqué par la soudaineté de la surprise, et qui était le plus grand péril que pussent courir les défenseurs, commence à passer; il fait place à la confusion qu'occasionnent inévitablement les feux dans l'obscurité. Cette confusion se répand à la fois dans les rangs des deux partis et présente du danger surtout pour l'attaque, qui connaît ordinairement moins bien que la défense le terrain sur lequel elle s'avance. Pour peu que la fusillade se prolonge, les assaillants sont définitivement compromis, au moment où le gros des troupes ennemies est en mesure de se défendre ou même de prendre l'offensive.

Quand une surprise n'est qu'une démonstration inquiétante, quand on se propose uniquement de démoraliser son adversaire par des alarmes, le feu de mousqueterie seul peut mener au but ; l'assaillant se retire dès qu'il a réussi à mettre l'ennemi en émoi. Mais si, ne voulant pas se contenter d'épouvanter l'ennemi, on est décidé à profiter jusqu'au bout du désordre que l'on a provoqué et de lui causer dans son camp ou son bivouac des pertes sérieuses en hommes et en matériel, le feu de mousqueterie, qui n'a pendant la nuit d'efficacité sérieuse que par le bruit, n'est plus suffisant, et d'ailleurs je viens de montrer que l'effet moral qui en résulte devient facilement, en se prolongeant, une source de confusion commune à l'attaque et à la défense.

C'est le sabre ou la baïonnette à la main que l'on s'élancera vigoureusement sur l'ennemi ; on le prendra corps à corps, on luttera avec lui s'il résiste ; s'il s'enfuit, on le poursuivra pour le rejoindre. Rien ne me semble plus terrifiant que de se sentir pressé au milieu des ténèbres par des hommes qui s'avancent résolûment, en silence, frappant sûrement et sans pitié tous ceux qui leur barrent le passage.

En outre, l'usage de l'arme blanche dans une surprise nocturne est le signe le plus sûr auquel les assaillants puissent se reconnaître entre eux et se distinguer des troupes qui se servent de feux pour leur défense. Il offre sur les autres moyens qu'on a employés quelquefois pour éviter des méprises funestes l'avantage de ne pouvoir être facilement pénétré par les troupes qui sont surprises. En effet, rien n'indique d'une manière sûre aux soldats qui répondent par la fusillade à une attaque inopinée à l'arme blanche, si les coups de feu qu'ils entendent près d'eux sont tirés par ceux de leur parti ou par les assaillants.

Le plus difficile dans une opération de nuit est certainement d'empêcher les assaillants de tirer. On pourra, dans ce but, les priver de cartouches, mais j'avoue que je prise peu ce moyen d'exalter le courage de bons soldats. Agissons plutôt sur leur moral; témoignons-leur de la confiance. Faisons-leur comprendre que la poudre qu'ils brûleraient la nuit est perdue, et que leurs feux ne pourraient que compromettre le succès d'une opération où ils ont pour eux les avantages attachés à l'offensive ; persuadons-les qu'une attaque à l'arme blanche n'engendre de désordre que parmi les troupes surprises ; montrons-leur qu'il y aurait de la honte à se laisser étourdir par le vain fracas de la fusillade ennemie; en un mot, faisons à ces braves gens un point d'honneur de ne pas brûler une seule cartouche.

Le principe de l'inefficacité des feux de mousqueterie dans l'obscurité s'applique également à la défense. L'attaque à l'arme blanche ne peut être sérieusement neutralisée que par la résistance à l'arme blanche; une attitude calme et résolue opposée au sang-froid des assaillants est bien capable de leur faire perdre les avantages d'une vive agression ; peut-être même qu'alors le plus surpris des deux n'est pas celui qu'on pense. Le péril est d'autant plus grand pour ceux qui attaquent que les défenseurs, souvent plus nombreux, peuvent les envelopper et ont la ressource des embuscades.

Le devoir de tous les officiers est de tendre à empêcher le feu, qui ne peut que favoriser les efforts des assaillants; mais s'il est difficile d'obtenir de ceux qui attaquent qu'ils ne fassent usage que du sabre et de la baïonnette, il l'est plus encore de ceux qui défendent ; aussi est-il permis de douter qu'on parvienne à convaincre pleinement les soldats du danger et de l'inutilité des feux pendant la nuit, au point de pouvoir compter que dans une action nocturne à la suite d'une surprise ils ne tireront pas un coup de fusil; dans un camp ou dans un bivouac où l'ennemi fait soudainement irruption, le premier mouvement des soldats surpris est de courir à leurs fusils et de tirer; il n'y a rien là que de très-naturel, quand on est pris à l'improviste. Pour faire bonne contenance à l'arme blanche, il est de toute nécessité d'être averti de bonne heure (c'est ici le cas de dire qu'un homme averti en vaut deux), il faut avoir le temps de se reconnaître, de se compter, de s'assembler, ce qui n'est praticable qu'avec un bon système de sûreté de nuit. Me voici donc amené une fois de plus à recommander l'extension à donner de nuit aux postes avancés d'observation. C'est peut-être aussi le moment de remarquer qu'aucune troupe n'est chez nous préposée en permanence, exclusivement, à la défense directe, immédiate des camps et des bivouacs. Cependant il serait prudent de prévoir le cas où l'ennemi, venant à refouler les cordons extérieurs ou passant à travers leurs lacunes, arriverait jusqu'au corps principal. De nuit surtout il importe de pouvoir opposer une résistance sérieuse qui permette au gros des troupes de s'apprêter pour le combat. Ni les postes de soutien des grand' gardes, ni la garde de police, ni le piquet ne me paraissent répondre exactement par la destination que leur assigne l'ordonnance de 1832, par leur composition et par leur emplacement au besoin que je signale (1).

Dans ce qui précède, j'ai supposé que l'attaque de nuit prenait la forme d'une surprise, ce qui n'est pas toujours le cas. Quelquefois, en effet, on a vu deux partis se préparer à une lutte de nuit, attendue, calculée par chacun d'eux; ainsi, en 1806, Français et Russes, placés face à face sur les deux rives de l'Ukra, s'apprêtèrent à un engagement de nuit qui

(1) L'ordonnance de 1832 ne prescrit les postes de soutien que dans quelques cas particuliers; aux termes de la même ordonnance, la garde de police a pour principal objet l'ordre dans le camp, et le piquet ne s'assemble pendant la nuit qu'en cas d'alerte.

eut lieu à Czarnowo. En outre, il n'est pas rare que des combats de jour se prolongent sans interruption pendant une grande partie de la nuit. L'usage de l'arme blanche s'étend également à ces deux cas.

Jusqu'à présent les théoriciens ont recommandé le mode d'attaque de nuit à l'arme blanche, surtout pour les affaires d'avant-postes, pour les cas de rencontre ou de surprise de petits détachements ennemis dans une reconnaissance et en général pour des actions de peu d'importance. Par exemple, l'auteur de la *Théorie des reconnaissances militaires* ne traite que d'un cas particulier quand il dit : « Si l'officier chargé « d'une reconnaissance journalière tombe la nuit sur un « poste ennemi, le mieux est qu'il l'attaque à l'arme blanche, « mais si vigoureusement, que l'ennemi n'ait pas le temps de « courir aux armes (1). » Le général de Bismark n'a en vue que les surprises de nuit tentées par la cavalerie avec de faibles forces et dans un but restreint, lorsqu'il défend l'usage des armes à feu et conseille d'aborder l'ennemi la lance en arrêt et le sabre au poing (2). Soit dit en passant, le sabre est bien préférable à la lance pour les attaques nocturnes. On conçoit que la lance, déjà si embarrassante de jour, devienne, dans les combats corps à corps qu'entraînent les surprises de nuit, d'un maniement presque impossible. Le général de Brack recommande d'une manière générale l'arme blanche, mais il n'entend parler, lui aussi, que de la cavalerie : il dit nettement que lorsqu'une surprise de nuit est peu nombreuse et a pour but d'effrayer l'ennemi, il faut se servir

(1) Sobieski de Janina, *Théorie générale des reconnaissances militaires.*
(2) Général comte de Bismark, *Tactique de la cavalerie.*

des pistolets, et que, dans le cas où la troupe qui surprend est appuyée, nombreuse et se propose d'enlever l'ennemi, elle doit, s'il est indispensable qu'elle tue, le faire à coups de pointe (1). Cessac-Lacuée, auteur d'un *Guide de l'officier particulier en campagne*, qui a paru en 1805 (2), est peut-être le seul écrivain militaire qui ait dicté sur ce sujet des prescriptions générales applicables à l'infanterie : « Comme « on ne doit, dit-il, presque jamais faire feu dans une atta- « que par surprise, mais fondre sur l'ennemi et le joindre « corps à corps, les armes blanches sont celles dont on se « pourvoira avec le plus de soin ; on ne fera pas quitter « néanmoins les armes de jet : elles peuvent être utiles « pendant la marche, l'attaque ou la retraite ; on obligera le « soldat à les porter en bandoulière et on lui défendra avec « grand soin d'en faire usage avant d'en avoir reçu l'ordre, « surtout contre les gardes avancées. » Il est bon de remarquer que, l'action par les feux étant le caractère distinctif de l'infanterie, prescrire, ainsi que le fait Cessac, l'emploi de la baïonnette dans les engagements de nuit, c'est établir une grave exception à la règle tactique ordinaire. Au contraire, comme le sabre et la lance sont les véritables armes du cavalier, comme l'usage du mousqueton et du pistolet n'est qu'accessoire, il en résulte que le général de Bismark et le général de Brack n'ont fait qu'étendre aux attaques de nuit ce qui est recommandé à la cavalerie pour les attaques de jour.

(1) Général de Brack, *Avant-postes de cavalerie légère.*

(2) *Guide de l'officier particulier en campagne*, par Cessac-Lacuée. Paris, an XIII. Il y a une édition de 1816.

La théorie est ici un peu en retard sur les aits. Ainsi on trouve en assez grand nombre non-seulement des surprises partielles, des engagements de petits postes, des rencontres de patrouilles et de reconnaissances, mais aussi des surprises exécutées sur une grande échelle et des combats engagés entre des partis considérables, toutes actions nocturnes où l'infanterie a recouru à l'arme blanche pour l'attaque et même pour la défense. Je vais vous en citer quelques exemples.

Dans la nuit du 4 au 5 mars 1831, un poste russe de 100 Cosaques fut surpris à Jablonna par 68 hommes d'infanterie polonaise. Les Polonais traversèrent la Vistule sur des glaçons et pénétrèrent dans le village par le parc du palais, qui touchait au bord du fleuve, et qui n'était pas gardé. Sans tirer un seul coup de fusil et par une brusque attaque à la baïonnette, l'infanterie s'empara de tout ce poste, sauf quelques Cosaques échappés à pied et à la faveur de l'obscurité (1).

En mai 1847, le maréchal Bugeaud, avant de quitter le gouvernement général de l'Algérie, se mit à la tête d'une colonne expéditionnaire dirigée contre les Kabyles de la vallée de l'oued Saheul. A la chute du jour, les montagnards rebelles, voulant tenter contre nous une de cess urprises nocturnes dont ils avaient fait souvent et avec succès l'épreuve contre les Turcs, se précipitèrent en grand nombre sur le camp français. Leur fusillade bien nourrie, accompagnée de cris et de chants de guerre, dura cinq heures, pendant lesquelles les grand'gardes bien embusquées réussirent à

(1) Sobieski de Janina.

les contenir par des charges vigoureuses à la baïonnette. A une heure du matin, les Kabyles, las de tirer sans résultats des coups de fusil, et n'ayant pu parvenir à troubler l'ordre dans le camp, se retirèrent sur les crêtes des rochers environnants (1).

Pendant l'expédition du Mexique, le colonel du Pin, commandant en chef de la contre-guérilla des terres chaudes, avait une fois pour toutes prescrit à sa troupe de ne jamais combattre de nuit qu'à l'arme blanche. Avant le moment décisif, les sous-officiers visitaient les armes à feu et s'assuraient que chaque homme en avait retiré la capsule. Les cavaliers mettaient pied à terre et se servaient de leur sabre; les fantassins gardaient leurs fusils en bandoulière et ne prenaient à la main que leur sabre-baïonnette. Malheur à ceux qui n'observaient pas l'ordre donné, ils étaient sérieusement punis après l'affaire par le commandant en chef, si déjà ils n'avaient été les victimes de quelque fatale méprise causée par l'oubli de la consigne (2). Dans la même campagne, le combat de nuit du cerro Borrego, dont j'ai parlé précédemment, est particulièrement instructif au point de vue de l'emploi qui y a été fait de la baïonnette. Voici les circonstances principales de cette brillante affaire :

Le 1er juin, vers dix heures du soir, pendant que le général Lorencez était à Orizaba, le colonel L'Hériller, ayant été prévenu qu'on entendait du bruit sur la montagne, donna

(1) Historique manuscrit des campagnes d'Afrique, aux archives du dépôt de la guerre. — Général Daumas, *la Grande Kabylie.*

(2) Historique manuscrit de la contre-guérilla des terres chaudes du Mexique, aux archives du dépôt de la guerre.

immédiatement l'ordre à une compagnie du 99e de ligne, commandée par le capitaine Detrie, de gravir les hauteurs et d'y prendre position avant l'ennemi. Par une nuit obscure, Detrie commença l'escalade de ces pentes qui dans le jour paraissaient d'un accès impossible; après d'inconcevables efforts, les hommes, le sac au dos, marchant l'un derrière l'autre et dans un grand silence, arrivèrent sur un premier palier du cerro Borrego, où ils furent reçus à courte portée par une forte décharge partie d'ennemis invisibles, embusqués dans les broussailles. Personne ne fut atteint. Detrie donna aussitôt l'ordre de mettre les sacs à terre et entraîna à la baïonnette le petit nombre de soldats qui l'entouraient. Lorsqu'il eut été rejoint par ceux qui venaient les derniers, il poussa vigoureusement l'ennemi devant lui, pendant une heure; mais il ne tarda pas à reconnaître que les forces qui lui étaient opposées allaient en grossissant, et dans la crainte d'être enveloppé, il arrêta ses hommes, les embusqua et leur recommanda de rester en place, coûte que coûte et sans tirer. Il pensait que les coups de feu des Mexicains avaient été entendus et qu'il recevrait bientôt du secours. En effet, après une heure d'attente, une compagnie du 99e, sous les ordres du capitaine Leclerc, venait le rejoindre; il était trois heures et demie du matin. Les deux capitaines ayant formé leurs colonnes d'attaque s'élancèrent à la baïonnette. Attaqué corps à corps, délogé de toutes parts, l'ennemi finit par lâcher pied et se débanda. Les 2 compagnies avaient eu affaire à environ 2000 Mexicains que le général Ortega avait portés à la chute du jour sur le cerro Borrego, à la suite d'un habile mouvement tournant autour d'Orizaba. J'ai déjà indiqué les pertes de l'ennemi, celles des Français se réduisirent à 6 hommes tués (1).

En 1706, pendant que Lannes combattait à Pultusk et Davoust avec Augereau à Golymin, le maréchal Ney s'emparait de Soldau ; dans la nuit qui suivit la prise de ce village, Lestocq, à la tête de 6 000 Prussiens, tenta d'y rentrer par quatre attaques à la baïonnette, renouvelées à courts intervalles. En 1814, Marmont, dans la surprise dirigée sur les Russes à Etoges, défendit aux 800 hommes qu'il avait pris avec lui de tirer un seul coup de fusil ; ils devaient se jeter sur l'ennemi dès qu'ils arriveraient à sa portée, et sans répondre à son feu ; ses instructions furent ponctuellement suivies ; vous savez le reste.

De tous ces exemples, il ressort clairement que l'emploi par l'infanterie de l'arme blanche dans les actions de nuit et même pour la défense n'est pas une nouveauté ; c'est là un point important et que je tenais à faire valoir à l'appui de la règle tactique que je vous ai donnée comme générale.

D'après ce que j'ai dit des surprises de nuit, on comprend que ces délicates opérations doivent être conduites dans le plus grand secret par des chefs de sang-froid et exécutées sur un terrain connu d'avance. Il est indispensable d'être renseigné exactement sur la force et la position de l'ennemi.

Quant au nombre d'hommes avec lequel on peut tenter une surprise de nuit, il doit être généralement assez restreint ; un petit nombre fera la besogne souvent aussi bien et même mieux qu'un plus grand ; c'est là le beau côté de ces opéra-

(1) Historique manuscrit de l'expédition du Mexique, rédigé au dépôt de la guerre d'après les documents officiels.

tions. Cependant il est des cas (j'en ai fait ressortir quelques-uns par des exemples) où l'on a opéré avec des forces considérables. Le difficile est de savoir apprécier dans quelles circonstances il suffit d'exposer peu pour gagner beaucoup.

Les avantages résultant d'un choix particulier des soldats, dans le cas où les surprises nocturnes ne demandent que de faibles détachements, restent au-dessous des inconvénients que présente l'emploi de troupes composées de la fleur des corps, inconvénients reconnus par presque tous les hommes de guerre.

Dans les exemples que j'ai appelés à mon aide, j'ai évité de rapporter les opérations des corps de partisans. Je n'ignore pas qu'il est dans le rôle de ces corps de se couvrir le plus possible de l'ombre protectrice de la nuit ; mais ce n'est qu'exceptionnellement qu'ils opèrent contre des armées, et mon but était de vous montrer que les armées elles-mêmes, ou des portions plus ou moins considérables de ces armées, ont souvent trouvé de grands avantages à marcher et à combattre de nuit. J'ajoute qu'il n'est pas toujours bon ou même facile de substituer l'action des partisans à celle des troupes ordinaires.

Je crois devoir résumer les considérations que je viens de vous présenter sur les surprises de nuit. Tout d'abord j'ai défini la surprise entendue dans son acception la plus générale, et j'ai insisté sur l'importance actuelle de ce mode de combat. Après avoir établi que les surprises de nuit étaient plus faciles que celles de jour, j'ai précisé le but des premières, j'ai recherché les principales circonstances qui pouvaient les favoriser, puis je les ai étudiées comme moyen d'opérations jugées avantageuses ou nécessaires. Quelques exemples de surprises de nuit vous ont permis de juger de l'importance des résultats tactiques et stratégiques qu'on retire de ces entreprises quand elles réussissent. J'ai constaté ensuite que le mode d'attaque de nuit n'avait été jusqu'ici l'objet d'aucune règle précise applicable à tous les cas ; alors j'ai posé en principe l'emploi de l'arme blanche dans les actions nocturnes pour l'attaque et pour la défense, j'en ai fait ressortir les avantages mis en regard des inconvénients qui résultent de l'usage des feux, et je l'ai étendu aux combats de nuit qui ne sont pas la conséquence d'une surprise. Il m'a été facile de faire voir sur divers exemples d'attaque à l'arme blanche que les faits accomplis en apprenaient plus là-dessus que les théoriciens ; enfin j'ai reconnu que les surprises de nuit n'étaient pas exclusivement l'affaire des partisans, et qu'on avait généralement intérêt à les tenter avec un petit nombre d'hommes.

Éclairage de guerre en campagne.

Je ne puis passer sous silence dans cette étude les essais qui ont été faits pour appliquer aux opérations de nuit en campagne les méthodes d'éclairage artificiel dont dispose la science moderne ; il ne s'agit rien moins que de déchirer le voile qui couvre ces opérations.

Tant que les procédés pyrotechniques ont été les seuls en usage, l'éclairage de guerre est resté grossier, incertain et à peu près stationnaire ; on a même assez souvent préféré aux artifices éclairants l'incendie de simples amas de bois. Ainsi

Vauban et d'autres après lui, préoccupés de rendre de nuit aux retranchements de campagne la valeur qu'ils leur attribuaient de jour, conseillaient de placer en avant des lignes des bûchers qu'on n'allumait qu'à l'approche de l'ennemi.

Cessac-Lacuée (1805) recommandait l'emploi des mêmes moyens : « Quand vous prévoirez, dit-il, que l'ennemi doit « venir vous attaquer pendant la nuit, vous pourrez faire « placer sur le chemin qu'il devra tenir quelques tas de menu « bois garnis de beaucoup de paille ; vous y ferez mettre le « feu au moment de la première alarme. La clarté qu'ils ré- « pandront étonnera l'ennemi et vous permettra de faire sur « lui quelques décharges d'artillerie et de mousqueterie qui « feront un grand effet, parce que vous pourrez bien ajuster « vos coups. »

En 1809, Le Blanc d'Eguilly, capitaine d'artillerie française, fit paraître sur les attaques nocturnes un mémoire (1) soumis treize ans auparavant à l'examen du général Hoche, à Freyberg. L'objet de ce mémoire était « de présenter les « moyens propres à conduire les troupes pendant la nuit sans « donner d'indice à l'ennemi, à diriger les colonnes sur des « points reconnus et sur ceux qui ont été obtenus par le cal- « cul, à les faire arriver ensemble à la position qu'elles doi- « vent occuper, à les y établir dans l'ordre d'attaque projeté « et à se porter dans le même ordre sur l'ennemi. » Le problème est très-bien posé en ces termes ; malheureusement, la solution donnée par l'auteur est loin d'être pratique ; elle

(1) *Plan militaire concernant les attaques nocturnes*, proposé par M. Le Blanc d'Eguilly, ancien capitaine d'artillerie du régiment de Metz. Paris, Crapelet, 1809.

repose sur l'emploi de signaux lumineux particuliers dont le placement est assujetti à des calculs assez compliqués et exige le secours de plusieurs instruments. Toutefois je ne regrette pas de vous avoir signalé ce mémoire, parce qu'il marque un des premiers essais précis d'éclairage en campagne.

La lumière électrique, bien supérieure sous tous les rapports à celle qu'on obtient avec les compositions éclairantes les plus perfectionnées, a pris facilement la place de ces moyens surannés. Je n'ai pas à vous parler des résultats auxquels a conduit son emploi dans les opérations de siége, mais seulement du parti qu'on est en mesure d'en tirer dans la guerre de campagne.

Loin de l'ennemi, cette lumière peut servir à éclairer l'établissement d'un camp, d'un bivouac ou d'un parc d'artillerie, une prise d'armes, la marche à travers un défilé ou sur un chemin dangereux, la construction et le repliement des ponts, les passages de rivières, les travaux de fortification passagère exécutés dans l'étendue d'une position et ceux de réparation aux ponts rompus ou brûlés, etc. A portée de l'ennemi, il paraît difficile d'utiliser la lumière électrique pour l'attaque, car elle éveille l'attention et détruit ainsi l'effet qu'on attend d'une surprise.

Au contraire, il est dans le rôle de la défense de l'employer dans plusieurs opérations, et notamment pour contrarier ou empêcher la construction des ponts et le passage des troupes, et pour défendre les abords d'une position quelconque contre une attaque par surprise ; enfin, selon les cas, il convient d'éclairer soit un espace restreint, soit une vaste surface, et cela à une faible portée ou à une grande distance.

Tel se présente dans son ensemble le problème de l'éclairage électrique en campagne. Dès 1851, M. Martin de Brettes, capitaine d'artillerie, en a proposé la solution par des moyens assez certains, commodes et peu dispendieux, qu'il a décrits dans son *Traité des artifices éclairants* (1). Il emploie ou le foyer électrique simple alimenté par une pile, ou bien le même foyer combiné avec un réflecteur ou une lentille. Pour répondre à tous les besoins, les appareils sont doués soit d'un simple mouvement de rotation autour d'un axe vertical ou horizontal, soit d'un double mouvement; on les place sur des points plus ou moins élevés ou au sommet d'un mât. Hors de la présence de l'ennemi, ils permettent d'obtenir sans peine tous les effets désirables. A proximité de l'ennemi, on n'a pas trop à craindre qu'ils soient détruits, parce qu'ils sont peu volumineux et peuvent servir à une grande distance. M. Martin de Brettes propose, pour le cas où ils seraient très-exposés, de les placer sur le sol, de manière à ce que le réflecteur dirigé en l'air ait un mouvement oscillatoire et de rotation autour de la verticale; ce qui produira, d'après ce qu'il affirme, un éclairage suffisant dans beaucoup de circonstances, par exemple pour la défense d'une position contre une surprise. Dans ce cas, à un signal donné, on éclairera le camp, ce qui permettra aux défenseurs de prendre leur place dans l'ordre de bataille. On pourra également projeter la lumière sur les assaillants. Il est vrai qu'on leur facilitera ainsi

(1) *Des artifices éclairants en usage à la guerre et de la lumière électrique*, par M. Martin de Brettes. Paris, Corréard, 1852.

les moyens de se diriger et de bien choisir leurs points d'attaque; mais, d'un autre côté, dès que leur nombre et leurs mouvements seront dévoilés, ils perdront la meilleure part des avantages qui leur avaient fait rechercher la surprise de nuit de préférence à une opération de jour.

L'éclairage aérien qu'on produit au moyen d'une lampe électrique portée par un ballon dont la nacelle contient la pile est d'un usage trop compliqué pour être pratique et rentre un peu dans le domaine de la fantaisie. M. Martin de Brettes reconnaît d'ailleurs que l'éclairage terrestre est généralement suffisant. Il constate enfin que les appareils et les approvisionnements spéciaux qu'exige l'éclairage électrique n'entraîneraient qu'un accroissement insignifiant du matériel de guerre.

Depuis 1851, de nombreuses recherches ont permis de réaliser dans l'éclairage de guerre des perfectionnements applicables aux opérations en campagne. Ainsi les Anglais et les Autrichiens ont expérimenté le *lime light* de l'ingénieur Drummond, que les Américains ont approprié avec succès aux besoins de la guerre. Cette lumière, fort vive, s'obtient en introduisant de la craie ou un corbillon d'éponge de platine dans la flamme produite par un jet d'hydrogène enflammé, sur lequel on dirige un jet d'oxygène. Chez nous, le capitaine d'artillerie Vignotti a augmenté considérablement la puissance de la lumière électrique, en remplaçant le réflecteur ordinaire par une lentille creuse dans laquelle on verse un liquide d'un grand pouvoir réfracteur. On a aussi inventé de nouveaux réflecteurs qui projettent la lumière à de très-grandes distances; enfin la découverte de la belle lumière produite par la combustion du magnésium a déjà donné de précieux résultats.

Je terminerai cette étude par l'examen de l'opinion des Prussiens quant à notre manière de nous tenir dans les combats de nuit. Dans une brochure qui parut à Francfort en 1860 et produisit en Allemagne une sensation profonde, on fait dire ce qui suit au prince Frédéric-Charles de Prusse : « Les attaques de nuit ne sont pas l'affaire des Français. Ils « paraissent les craindre, sans doute parce que de nuit leur « désordre habituel dégénère facilement en dissolution com- « plète. On connaît par d'anciennes relations de guerre les « paniques qui les saisissent quelquefois de nuit et même de « jour (1). » A part cette qualification au moins exagérée de « désordre habituel » par laquelle le prince de Prusse caractérise notre manière de combattre, je ne puis m'empêcher de reconnaître un grand fond de vérité à ce jugement. Il n'est que trop réel que les Français, malgré leurs qualités d'audace et de bravoure, sont particulièrement sujets à cette étrange épouvante qu'on appelle *terreur panique* et qui s'empare d'une armée battue, quelquefois même d'une troupe victorieuse ou du moins à l'abri de tout danger imminent.

A la suite d'un désastre causé par une terreur panique, on se préoccupe assez ordinairement des incidents du moment qui l'ont provoquée ; on veut savoir si le mal vient d'une reconnaissance qui a pris les nôtres pour l'ennemi, d'un coup de fusil tiré par mégarde ou d'un cheval échappé qui a fait

(1) *Eine militærische denkschrift*, von P. F. C. Frankfurt am Main, 1860, traduit en français sous ce titre : *l'Art de combattre l'armée française*. Paris, 1860.

irruption dans le camp, etc. Lors même qu'on arriverait ainsi à démêler exactement les faits matériels qui ont fourni sujet à la terreur, ce qui est presque toujours difficile, on n'aurait pas fait grand'chose pour prévenir le retour d'une catastrophe semblable. La circonstance la plus imprévue et quelquefois la plus insignifiante peut toujours faire surgir de nouveau ce singulier phénomène de la peur. Il n'y a de recherche vraiment profitable que celle des causes du mal, tirées de l'ordre moral. En ce qui nous concerne, je vois deux causes de cette nature (il y en a peut-être d'autres) à ces terreurs imaginaires dont nous avons été souvent les victimes : ce sont notre imprévoyance et notre impressionnabilité.

Si l'on envisage l'imprévoyance par rapport à la manière de se garder, on comprend que, dans une armée où elle règne et où chacun est convaincu de celle de tous les autres, le manque de confiance soit général ; c'est ce manque de confiance qui engendre si facilement, si rapidement la redoutable contagion de la peur, et cela à l'heure où l'on s'y attend le moins, par l'effet de la première circonstance venue, et malheureusement souvent sans qu'il y ait eu ombre de péril.

Il y avait peut-être difficilement remède sous la République et pendant l'Empire à l'imprévoyance des troupes. En effet, ce défaut naturel était favorisé alors par le manque de dispositions précises relatives au service de sûreté. Le règlement de 1753 sur le service en campagne portait que les officiers généraux de jour, ou d'après leurs ordres les officiers supérieurs de piquet, visiteraient les postes et s'assureraient s'ils étaient bien placés. Les règlements de 1778, 1788 et 1792 répétèrent cette disposition et donnèrent lieu à un conflit que le règlement rédigé à Schœnbrünn en 1809 laissa subsister, en mettant le général de brigade dans la dépendance d'un officier général de jour ou même d'un officier supérieur de piquet pour l'établissement de ses postes. C'est même cette circonstance qui explique les efforts souvent renouvelés de Napoléon Ier pour arriver à l'ordre et à la régularité dans ce service (1). Aujourd'hui le système divisionnaire a exclusivement prévalu ; les conflits d'autorité sont devenus impossibles ; il n'y a donc plus d'obstacles à une bonne organisation du service de sûreté de jour et de nuit et à sa mise à exécution avec la dernière rigueur. A ce prix on obtiendra des troupes le degré de confiance capable de les mettre à l'abri de vaines terreurs.

L'impressionnabilité est un autre trait de notre caractère qui nous a déjà bien souvent porté malheur. Il est prudent de ne laisser ignorer à aucun soldat les dangers qu'elle présente ; sans doute on ne lui apprendra pas ainsi à suspendre et à modérer à volonté ses impressions nerveuses, mais on lui fournira un moyen d'en atténuer l'intensité.

Il y a quelque chose de plus à faire. A une époque où tout

(1) Voir dans la *Correspondance de Napoléon Ier*, t. XXVI, une lettre datée du 10 septembre 1813 et adressée de Pirna au major général de l'armée. L'empereur fait connaître la surprise de nuit dont le général Bruno a été victime par suite de négligence et enjoint au major général de rédiger un ordre du jour « soigné » sur les principes à observer dans le service des grand'gardes et des flanqueurs. Cet ordre du jour n'édictait rien moins que la peine de mort contre les chefs et soldats qui se rendaient coupables d'infraction aux règlements.

semble présager que les luttes armées seront courtes, mais décisives, il faut de bonne heure exercer les hommes à toutes les opérations de la guerre, en s'attachant surtout à celles qui forment le corps par les obstacles matériels qu'elles apprennent à surmonter, et développent l'esprit militaire par l'image fidèle qu'elles offrent des véritables dangers ; il faut au sein de la paix apporter des soins constants et actifs à l'éducation physique et morale de ces soldats qui, appelés à passer de la caserne sur le champ de bataille, n'auront pas le temps de s'aguerrir. Cette préparation de longue date portera ses fruits à chaque pas dans la guerre, et particulièrement dans les opérations nocturnes. La nuit, en effet, la puissance de l'homme est singulièrement modifiée : tout ce qui est influence du nombre ou de l'armement s'efface, et, en dehors des procédés scientifiques, la valeur personnelle reste à peu près seule pour assurer le succès. Élément prépondérant des armées d'autrefois, c'est la valeur personnelle qui peut encore aujourd'hui, même dans un petit nombre de soldats d'élite, triompher avec éclat de forces numériques supérieures et de moyens matériels écrasants.

Paris. — Typographie A. Hennuyer, rue du Boulevard, 7.

www.ingramcontent.com/pod-product-compliance
Ingram Content Group UK Ltd.
Pitfield, Milton Keynes, MK11 3LW, UK
UKHW012054240726
13965UKWH00003B/1279

9 782013 081825